APOSENTADORIA & COACHING

Conheça os Benefícios do Coaching no seu Projeto de Vida Pós-Carreira

CB057054

Editora Appris Ltda.
1ª Edição - Copyright© 2020 dos autores
Direitos de Edição Reservados à Editora Appris Ltda.

Nenhuma parte desta obra poderá ser utilizada indevidamente, sem estar de acordo com a Lei n.º 9.610/98. Se incorreções forem encontradas, serão de exclusiva responsabilidade de seus organizadores. Foi realizado o Depósito Legal na Fundação Biblioteca Nacional, de acordo com as Leis n.os 10.994, de 14/12/2004, e 12.192, de 14/01/2010.

Catalogação na Fonte
Elaborado por: Josefina A. S. Guedes
Bibliotecária CRB 9/870

G832a Gressinger, Ana Maria da Silva Teles
2020   Aposentadoria & coaching : conheça os benefícios do coaching no seu projeto de vida pós-carreira / Ana Maria da Silva Teles Gressinger. - 1. ed. – Curitiba : Appris, 2020.
       117 p. ; 23 cm. – (Literatura).

       Inclui bibliografias
       ISBN 978-65-5523-869-3

       1. Aposentadoria. 2. Assessoria pessoal. I. Título. II. Série.

                                                          CDD – 306.38

Livro de acordo com a normalização técnica da ABNT

Appris
editora

Editora e Livraria Appris Ltda.
Av. Manoel Ribas, 2265 – Mercês
Curitiba/PR – CEP: 80810-002
Tel. (41) 3156 - 4731
www.editoraappris.com.br

Printed in Brazil
Impresso no Brasil

Ana Maria da Silva Teles Gressinger

APOSENTADORIA & COACHING
Conheça os Benefícios do Coaching no seu Projeto de Vida Pós-Carreira

Appris editora

FICHA TÉCNICA

EDITORIAL	Augusto V. de A. Coelho
	Marli Caetano
	Sara C. de Andrade Coelho
COMITÊ EDITORIAL	Andréa Barbosa Gouveia - UFPR
	Edmeire C. Pereira - UFPR
	Iraneide da Silva - UFC
	Jacques de Lima Ferreira - UP
ASSESSORIA EDITORIAL	Renata Miccelli
REVISÃO	Cindy G. S. Luiz
PRODUÇÃO EDITORIAL	Gabrielli Masi
DIAGRAMAÇÃO	Daniela Baumguertner
CAPA	Daniela Baumguertner
COMUNICAÇÃO	Carlos Eduardo Pereira
	Débora Nazário
	Karla Pipolo Olegário
LIVRARIAS E EVENTOS	Estevão Misael
GERÊNCIA DE FINANÇAS	Selma Maria Fernandes do Valle

COMITÊ CIENTÍFICO DA COLEÇÃO LINGUAGEM E LITERATURA

DIREÇÃO CIENTÍFICA Erineu Foerste (UFES)

CONSULTORES

- Alessandra Paola Caramori (UFBA)
- Alice Maria Ferreira de Araújo (UnB)
- Célia Maria Barbosa da Silva (UnP)
- Cleo A. Altenhofen (UFRGS)
- Darcília Marindir Pinto Simões (UERJ)
- Edenize Ponzo Peres (UFES)
- Eliana Meneses de Melo (UBC/UMC)
- Gerda Margit Schütz-Foerste (UFES)
- Guiomar Fanganiello Calçada (USP)
- Ieda Maria Alves (USP)
- Ismael Tressmann (Povo Tradicional Pomerano)
- Joachim Born (Universidade de Giessen/Alemanha)
- Leda Cecília Szabo (Univ. Metodista)
- Letícia Queiroz de Carvalho (IFES)
- Lidia Almeida Barros (UNESP-Rio Preto)
- Maria Margarida de Andrade (UMACK)
- Maria Luisa Ortiz Alvares (UnB)
- Maria do Socorro Silva de Aragão (UFPB)
- Maria de Fátima Mesquita Batista (UFPB)
- Maurizio Babini (UNESP-Rio Preto)
- Mônica Maria Guimarães Savedra (UFF)
- Nelly Carvalho (UFPE)
- Rainer Enrique Hamel (Universidad do México)

Ao meu esposo, Luiz Mário, pelo companheirismo.

Às minhas filhas, Alessandra e Mariana, com todo o meu amor.

Aos meus netos, Thomas e Melissa, bênçãos na minha vida.

Ao meu genro, Matheus, pela amizade e generosidade.

AGRADECIMENTOS

Agradeço, em primeiro lugar, a Deus, que sempre esteve presente na minha vida, abençoando os meus estudos e o meu trabalho, dando-me força para que eu não desanimasse durante essa caminhada.

Ao meu esposo, Luiz Mário Gressinger, pela atenção, pelo apoio, pela disponibilidade e motivação em todas as horas, principalmente nos momentos de desânimo.

Às minhas filhas, Alessandra e Mariana, pelo amor e carinho. Sempre disponíveis no suporte técnico.

Às amigas Nazaré Nery e Conceição Gomes, pela disponibilidade em compartilhar as ideias deste livro.

À minha amiga Gladys França pela disponibilidade em escrever o prefácio deste livro.

Ao meu amigo Frank Honjo, pela disponibilidade em escrever a orelha deste livro.

Ao meu amigo Noel Constantino, pelo suporte técnico nas plataformas digitais e mídias sociais.

PREFÁCIO

Reinventar-se! Uma palavra mágica que sempre grifei na minha trajetória de vida e que posso confirmar como marca ilustre do maravilhoso livro de minha amiga, Ana Teles.

Aposentar-se é, realmente, reelaborar-se, recompor-se, aventurar-se por uma nova vereda. É entender o intransitivo no vocábulo "outra vez". Somente nós para decidirmos se o rumo terá canteiros floridos ou não.

A palavra inativa nunca fez parte do meu dicionário particular. A vida é traçada por portas que vão se abrindo, e a pós-passagem sempre se reflete num mar de descobertas. Assim aconteceu quando saí de minha infância, da minha juventude e entrei para o mercado de trabalho. Havia um misto de curiosidade, ansiedade, susto e coragem. Assim ainda o é.

Entendo a produtividade borbulhando em mim. Há entusiasmo, ânimo, bravura, audácia e alento. Por que, então, nadar na ociosidade sendo que posso continuar a construir um mundo melhor?

As frases que você lerá nos capítulos a seguir são a prova de que a marcha da vida continua em seu frenético movimento de vai e vem. A embreagem somos nós que pisamos. Aposentar-se é, sem sombra de dúvida, pisar com atenção no acelerador, abrir e atravessar por mais uma porta dessa vereda fantástica, a que chamamos de "vida".

Que este livro possa conduzir as personas no seu novo "reinventar-se", e que o caminhar dessa interessantíssima etapa seja apenas o começo de realizações marcadas por momentos únicos de usufruto daquilo que, durante anos, almejamos.

Pense com carinho na sua aposentadoria, projete-se, e verás que as cortinas do palco de sua vida apontam para um novo ato, pois o espetáculo jamais pode parar!

Gladys França

Escritora

APRESENTAÇÃO

O momento da aposentadoria não se restringe, portanto, ao encerramento de um ciclo, mas pode apontar para possibilidades fecundas de transformação.
(Adler)

Vivemos na era do conhecimento com uma avalanche de informações, com facilidade de acesso e de forma muito rápida. Processar tudo isso visando a melhorar a *performance* e os resultados profissionais cria, na rotina diária, uma dinâmica, muitas vezes, estressante. A agenda sempre apertada para atender às novas exigências do mundo corporativo no qual estão inseridos tem um ritmo acelerado com grande impacto na vida pessoal e familiar desses profissionais. São anos e anos nesse ritmo frenético! O que acontecerá quando a aposentadoria aproximar-se e esse ritmo desacelerar? Você estará preparado para novas realidades? Você estará pronto para enfrentar a tão esperada aposentadoria?

São questões que merecem uma reflexão pelos pré-aposentados. Quanto mais cedo você despertar para a importância de uma preparação adequada para o seu pós-carreira, e permitir-se participar de um programa específico, maior probabilidade de êxito no seu projeto pós-carreira você terá.

Diante dessa realidade, o profissional tende a buscar novos rumos, descobrir novas oportunidades, após a aposentadoria. Aposentadoria não significa mais final de linha, hora de se "retirar" para descansar! Pouco a pouco, o conceito de aposentadoria, na essência da palavra, vai dando lugar a um novo conceito, o pós-carreira! É hora de buscar um novo desafio, começando pelo autoconhecimento que favorecerá a assertividade nas suas escolhas, no seu desenvolvimento pessoal contínuo e na sua autorrealização.

A aposentadoria é uma das fases de grande impacto em nossas vidas, pois traz consigo muitas mudanças, nos aspectos pessoal, social e psicológico. Traz também muitas rupturas e perdas! Mas é uma oportunidade para realizar projetos pendentes, novos projetos e de redescobrir a sua missão de vida.

Como melhor se preparar viver essa fase? Qual o melhor momento para essa preparação?

Conhecer sobre a aposentadoria e preparar-se antes que esse momento chegue é a melhor escolha e decisão para o profissional, pré-aposentado ou não.

Planejar é preciso! A falta de um planejamento na pré-aposentadoria, implica em desgaste pessoal, psicológico e social, deixando espaço para insegurança, baixa autoestima, angústia e até depressão.

Aposentadoria & Coaching tem a proposta de ajudar você a refletir sobre essas questões, que merecem uma atenção especial por parte dos pré-aposentados e profissionais interessados no tema. Contribuir para a expansão da sua consciência para a importância do planejamento e da definição de metas na fase de transição para a aposentadoria. É olhar com gratidão e júbilo para esse momento de conclusão de mais uma etapa da sua vida, e também mais uma conquista – a aposentadoria. É sinalizar para que você transforme a aposentadoria em oportunidade! Mas, para que isso aconteça, você precisa "construir" esse momento. Como diz Peter Druck: "Você quer saber sobre o futuro? Comece a construir agora!".

Assim como os jovens preparam-se para a conquista do primeiro emprego, para a sua entrada no mercado de trabalho, os aposentáveis também precisam preparar-se para a sua saída do meio corporativo, por meio da aposentadoria. É fundamental que esses profissionais seniores comecem a desenhar o seu caminho pós-carreira bem antes do seu desligamento da empresa, para que tenham uma transição com segurança e tranquilidade.

Este livro quer ainda apontar os sete pilares a serem observados para uma aposentadoria bem-sucedida, bem como a extraordinária contribuição do *coaching* no processo de transição, empoderando e trazendo benefícios na implantação do seu projeto de vida para o pós-carreira.

O conteúdo deste livro é recomendado para as pessoas em fase de preparação para a aposentadoria ou pós-carreira, para os gerontólogos, profissionais de RH, assistentes sociais, aposentados e profissionais de outras áreas que buscam conhecer mais sobre como obter êxito na busca e conquista de uma aposentadoria bem-sucedida.

O meu envolvimento com o tema começou em 2008, num final de semana, quando eu fazia minha formação em gerontologia biopsicossocial, quando o professor apresentou uma pessoa idosa totalmente "detonada" e sem autonomia pessoal no seu envelhecimento. Tudo isso dentro de um contexto social em que o idoso não tem voz e nem o reconhecimento dos direitos garantidos a ele na Constituição e no Estatuto do Idoso.

Naquela oportunidade, eu estava buscando encontrar uma melhor qualidade de vida no meu pós-carreira e fiquei muito impressionada e com a certeza de que não era aquela realidade que eu queria para mim. Naquela reflexão, eu comprometi-me comigo mesma a fazer um movimento, por menor que fosse, no sentido de contribuir de alguma forma, para agregar valor na preparação para uma aposentadoria e um envelhecimento mais digno do trabalhador sênior.

A partir de 2009, iniciei um trabalho que ajuda esses profissionais aposentáveis e aposentados a se preparar, de forma adequada, para o seu pós-carreira contemplando e harmonizando os aspectos mais importantes da vida do cidadão, mediante o programa de preparação para a aposentadoria.

Estão enganados aqueles que pensam que somente uma reserva financeira é o suficiente para garantir aposentadoria bem-sucedida! De nada adianta você preparar-se financeiramente para garantir uma velhice sem preocupações nessa área, se você não tiver saúde para usufruir desses recursos. Por exemplo, você não poder fazer uma viagem agora, que você tem tempo e dinheiro, porque, agora, você tem restrições na sua saúde etc.

O conceito deste livro surgiu enquanto eu organizava o 1º Congresso Nacional online sobre aposentadoria bem-sucedida, em 2015, que contou com a participação de 40 palestrantes discorrendo sobre temas que contemplaram conteúdos bastante significativos para esse momento da vida do trabalhador – a aposentadoria.

Naquela ocasião, tive contato com as principais referências nacionais sobre o assunto e percebi que esse tema precisa ser falado, debatido e trabalhado com bastante seriedade e comprometimento das áreas envolvidas: colaborador, empresa e Governo. Sim, a aposentadoria não é um processo individual, mas essencialmente social.

Após o congresso, atendendo a um convite para escrever um capítulo sobre "O Coaching e a sua contribuição no processo de aposentadoria", no livro *Coaching Gerando Transformações*, percebi que essa nova ferramenta da administração contemporânea pode contribuir, de forma poderosa, para o êxito do seu projeto de vida pós-carreira.

A notícia boa é que existem muitos programas específicos para a preparação para a aposentadoria, inclusive incentivados e respaldados por uma legislação específica, em que o Estado e as organizações são convidados a fazer frente a esses procedimentos antes da aposentadoria de seus colaboradores. Vejamos o que diz a legislação específica:

Os Programas de Preparação para a Aposentadoria – PPAs tiveram sua importância reconhecida pela Lei n. 8842 (Política Nacional do Idoso), no art. 10, que ressalta a competência dos órgãos e entidades públicas na área do trabalho e previdência em "criar e estimular a manutenção de programas de preparação para aposentadoria nos setores público e privado com antecedência mínima de dois anos antes do afastamento". Em 2003, a Lei nº 10.741 (Estatuto do Idoso), art. 28, estabelece que o poder público criará e estimulará programas de profissionalização especializada para os idosos, a preparação dos trabalhadores para a aposentadoria e o estímulo às empresas privadas na admissão de idosos ao trabalho.

Esses PPAs contemplam, em seus programas, conteúdo para o cidadão fazer uma vivência e reflexão profunda sobre a aposentadoria e construir o seu projeto de vida pós-carreira, porém não se propõe a um acompanhamento para a implantação desse projeto com êxito, até porque, após a aposentadoria, cessa a responsabilidade da organização sobre a vida desses cidadãos, que já não mais pertencem ao seu quadro de funcionários.

A proposta dos processos de *coaching* de aposentadoria é identificar quais os recursos internos e externos, quais as habilidades e competências, quais as pessoas envolvidas no projeto necessário para a implantação do projeto de vida do *coachee* no seu pós-carreira potencializando e até viabilizando o desenvolvimento de competências específicas, quando necessário, visando a uma maior assertividade e ao êxito. Caso faltem alguns dos recursos necessários, eles deverão ser providenciados pelo *coachee*, com o suporte do seu *coach*.

Quando o *coachee* não tiver passado pela experiência de um programa de preparação para a aposentadoria – PPA, o processo de *coaching* deverá ser iniciado com a identificação dos valores, substituindo crenças limitantes por crenças fortalecedoras, atualizando a missão de vida e construindo o projeto de vida pós-carreira do pré-aposentado ou aposentado.

O *coach* é o profissional que fará a diferença na transição para a aposentadoria do aposentável que se permitir submeter-se a um processo de *coaching*. Com certeza, esse profissional fará escolhas com maior assertividade e terá um grande e adequado suporte para implementar o seu projeto de vida pós-carreira.

SUMÁRIO

INTRODUÇÃO 19

1
APOSENTADORIA, TEMPO DE REVER CONCEITOS:
UM BREVE HISTÓRICO 25

2
APOSENTADORIA E SUAS NUANCES 29
   2.1 APOSENTADORIA E AS MUDANÇAS 33
   2.2 APOSENTADORIA: GANHOS E PERDAS 35
      2.2.1 Ganhos 36
      2.2.2 Perdas 37
   2.3 APOSENTADORIA E TRABALHO 40
      2.3.1. Aposentadoria: fim ou recomeço? 42
      2.3.2 Por que os profissionais permanecem ou voltam
      ao mercado de trabalho? 43
      2.3.3 Quando é a hora de Parar de Trabalhar? 46

3
O APOSENTADO E OS ASPECTOS PSICOSSOCIAIS 49
   3.1 TRABALHO E IDENTIDADE 51
   3.2 O APOSENTADO E ATIVIDADE 52
   3.3 O APOSENTADO E O PRECONCEITO 53

4
OS SETE PILARES DA APOSENTADORIA BEM SUCEDIDA 55
   4.1 CONHECIMENTO 57
      4.1.1 Autoconhecimento 58
   4.2 GESTÃO FINANCEIRA 61
      4.2.1 Educação Financeira 61
      4.2.2 Mapa de controle orçamentário 64
   4.3 SAÚDE SOB CONTROLE 66
      4.3.1 Qualidade de vida 67
   4.4 REDE DE RELACIONAMENTOS 68

4.5 COMPETÊNCIAS (CONHECIMENTO, HABILIDADE E ATITUDE) 69
4.6 EDUCAÇÃO PERMANENTE 74
4.7 PROJETO DE VIDA PÓS-CARREIRA 76
    4.7.1 Programa de Preparação para Aposentadoria 79

5
COACHING – CONHEÇA OS BENEFÍCIOS DO *COACHING* NO SEU PROJETO DE VIDA PÓS-CARREIRA 83
5.1 A FALTA DE CLAREZA NO PROPÓSITO DE VIDA TRAZ INCERTEZAS! 85
5.2 UM OLHAR SOBRE OS ASPECTOS POSITIVOS E NEGATIVOS DA APOSENTADORIA 86
5.3 APOSENTADORIA E IDENTIDADE PESSOAL 88
5.4 APOSENTADORIA E *COACHING* 88
5.5 *COACHING* 89
    5.5.1 O que é o *coaching*, então? 90
5.6 O PROCESSO DE *COACHING* 91
5.7 ENTENDENDO OS ELEMENTOS DO PROCESSO DE *COACHING* 91
    5.7.1 Valores 91
    5.7.2 Crenças 92
    5.7.3 Crenças Limitantes 93
    5.7.4 Missão e visão 95
    5.7.5 Competências 96
    5.7.6 Objetivos e Metas 96

6
COACHING DE APOSENTADORIA 99
6.1 BENEFÍCIOS DO *COACHING* DE APOSENTADORIA 101

7
MÉTODO REMAR PARA O PROCESSO DE *COACHING* DE APOSENTADORIA 105

REFERÊNCIAS 107

ANEXOS 113

INTRODUÇÃO

Tão importante como se preparar para ingressar no mercado de trabalho é desenhar o seu projeto de vida pós-carreira.

Ana Teles

Você também pensa assim? Onde e como você quer estar quando o momento da aposentadoria se apresentar para você?

Na nossa vida profissional, existem dois momentos de bastante impacto psicológico e emocional: o primeiro emprego, para o qual ficamos ansiosos e nos preparamos bastante, pois significa a nossa entrada no mundo corporativo; e o segundo momento, tão importante quanto o primeiro, é a nossa saída do mercado de trabalho, por ocasião da aposentadoria. Vamos abordar aqui o segundo momento, que é a transição para a aposentadoria.

As Organizações precisam cada vez mais se conscientizar e promover esse momento, mediante um Programa de pós-carreira para seus colaboradores, como uma iniciativa que beneficie aqueles que dedicaram as melhores décadas de suas vidas produtivas à organização. Devem incentivar essas pessoas a encontrar um novo sentido para suas vidas. Orientar para um pós-carreira ativo e/ou produtivo, oferecendo cursos de atualização, capacitação, para exercerem atividades remuneradas ou não.

Tal postura traria uma contribuição positiva para o Clima Organizacional e muito ajudaria a seus funcionários a fazerem uma transição com mais tranquilidade, segurança e confiança em um pós-carreira com êxito, autorrealização e sustentabilidade.

Na aposentadoria, é necessária uma nova organização da vida das pessoas e também uma mudança na forma de pensar, nas atitudes e uma nova visão do futuro. Essa nova fase da vida requer um novo modelo mental que a grande maioria das pessoas não possui, pela falta de conscientização da importância de uma preparação adequada, contemplando não somente as perdas, mas, principalmente, os ganhos e as oportunidades que esse momento traz consigo.

As pessoas recebem de diferentes formas a chegada da aposentadoria:

- Focando os aspectos positivos

- Focando os aspectos negativos

Ainda existem aqueles que nem percebem esses aspectos, pois o seu foco está somente na assinatura do contrato de rescisão do vínculo empregatício. Somente depois é que ele vai tomar consciência dessa transição!

Vamos analisar apenas os dois primeiros casos:

1. Focando os Aspectos Positivos

Para algumas pessoas, aposentadoria é um acontecimento esperado com bastante otimismo, representando uma oportunidade de novas experiências e realização de projetos não realizados, por falta de tempo. É um momento que você planejou e estruturou-se para recebê-lo. Nesse caso, a aposentadoria é recebida como um prêmio! É uma conquista e, portanto, um momento de vitória para o trabalhador que faz jus ao descanso remunerado e a uma vida digna e saudável, evitando o excesso de trabalho e promovendo um tempo para as atividades pessoais e o lazer. A aposentadoria não é vista como o final da vida produtiva, mas como uma transição para outro ciclo da vida, que poderá ser ainda mais saudável e ativa. É um momento de celebração!

As pessoas que se enquadram nesse perfil, com atitudes positivas frente à transição para a aposentadoria, em geral, são aquelas que têm um equilíbrio entre o trabalho e os demais aspectos da vida, ou seja, além da sua dedicação à sua vida profissional ela também tem um compromisso com a sua vida pessoal e familiar. Elas têm outras atividades além do trabalho. Mas, apesar de ter um planejamento e a sensação de dever cumprido, existe aquela expectativa, por ser uma experiência não conhecida: "Como será que vai ser?".

2. Focando os aspectos negativos

Para outras pessoas, a aposentadoria é recebida como um evento negativo! Elas temem os sentimentos de inutilidade e o preconceito social sobre aqueles que passaram a pertencer a classe dos inativos, não pertencendo mais ao sistema produtivo, como leciona Rodrigues (2000, p. 27) "a cessação da atividade profissional constitui uma exclusão do mundo produtivo, que é a base da sociedade moderna".

O medo do desconhecido, a angústia e a instabilidade financeira são também outros temores que os pré-aposentados apresentam. Tudo isso contribui para um quadro de insegurança, redução da autoestima e de status social. A pessoa fica em pânico pela falta de uma preparação adequada. E ela pergunta-se: E agora o que eu vou fazer da minha vida?

Muitos são os fatores que contribuem para essa percepção, tais como a história de vida, crenças e valores, como lida com as mudanças, com o momento que está vivendo, com o seu mapa mental e a sua postura diante dos acontecimentos que a vida apresenta e, especialmente, à velhice. Tudo isso refletirá na postura do profissional sênior diante dessa etapa da vida. Mas, segundo Moragas (2009), nenhuma razão por si só explica de maneira satisfatória uma situação complexa em que intervêm muitos fatores pessoais, sociais, econômicos etc.

A notícia boa é que você pode transformar as suas crenças limitantes com relação à aposentadoria em crenças fortalecedoras que o impulsionarão para um período pós-carreira com muitas realizações, com ferramentas específicas da PNL e do *coaching*.

Na realidade, a aposentadoria pode assumir o significado que você quiser: oportunidade para realização de novos projetos, assumindo novos papéis ou um período de insatisfação, frustrações e outros sentimentos negativos.

Adequações serão necessárias a esse momento de ruptura com o trabalho! Ele é parte muito importante da sua identidade social.

A aposentadoria passou a ser um tema muito presente quando se fala de maturidade, envelhecimento e, principalmente, no quadro de carreira das organizações. Afinal, o processo da aposentadoria diz respeito não somente ao trabalhador, mas também às organizações, no exercício do seu papel social, reconhecendo, nessa ocasião, a dedicação de tantos anos de trabalho de seus colaboradores e criando um clima organizacional saudável de gratidão e confiança para aqueles que permanecem na empresa. Diz respeito também ao Governo, responsável pela elaboração e execução das políticas públicas.

Nos últimos 40 anos, a evolução da ciência e da tecnologia a serviço da qualidade de vida trouxe uma maior longevidade ao ser humano, que ganhou em torno de 20 anos de vida, no seu pós-carreira. Quais as providências eu devo tomar, hoje, visando a garantir uma melhor qualidade de vida e autonomia para bem viver e usufruir desse "Plus de tempo" no meu pós-carreira? As sugestões para a resposta dessa questão serão abordadas nos capítulos posteriores.

Mesmo sendo o aposentado a pessoa mais beneficiada nesse processo, pois conquistou o direito ao descanso remunerado, desejo de milhares de pessoas, as pesquisas mostram-nos que o trabalhador brasileiro ainda não tem o hábito de refletir e preparar-se para a aposentadoria. E você? Está se preparando ou já se preparou para a sua aposentadoria?

Quando você passar pelo portal da aposentadoria, e deixar a identidade da empresa, ou seja, o seu sobrenome profissional "João da Empresa X", que inclusive deu a você e à maioria dos profissionais um status social, você levará consigo, um patrimônio técnico e intelectual que você construiu ao longo da sua carreira.

Para construir esse patrimônio, você dedicou mais de 50% do seu tempo aos interesses e missão da sua empresa. Muitas vezes, você abriu mão de seus próprios projetos em prol dos projetos da sua empresa. Tudo certo! Era isso mesmo que a instituição esperava de você! O comprometimento. E por isso mesmo você era tão importante para ela! Mas, agora, amigo, chegou a hora da ruptura, e você assume o leme do seu tempo, o seu ativo mais valioso! Você assume o comando do seu pós-carreira. E eu pergunto: O que você vai fazer com a sua bagagem técnica, profissional e intelectual? Vai jogar no lixo? Já pensou o quanto você investiu na sua formação durante todos esses anos? O que você vai fazer com as suas habilidades e competências que até então faziam de você um colaborador interessante para a sua organização?

Todas essas questões deveriam fazer parte do seu processo de preparação para a aposentadoria, principalmente aquelas questões relativas aos aspectos financeiros. Vale lembrar que a aposentadoria não é somente o salário que você vai receber sem continuar exercer a sua atividade profissional. Existem outros aspectos também importantes e que precisam estar harmonizados com os aspectos financeiros. São os aspectos do autoconhecimento, relacionamentos, controle da saúde, educação continuada, competências (*expertise*) e elaboração de um projeto de vida pós-carreira. Todos esses aspectos, que os chamamos de "os sete pilares para uma aposentadoria bem-sucedida", serão contemplados no 4º capítulo.

Após elaborar o projeto de vida pós-carreira e observando o momento da ruptura do seu contrato de trabalho, é conveniente o suporte de um profissional *coach* de aposentadoria, que potencializará todos os seus recursos internos, necessários para implementar e fazer acontecer com êxito, o seu projeto de vida pós-carreira.

As pessoas que se permitirem submeter-se a um processo de *coaching* de aposentadoria, ferramenta contemplada no capítulo 5º, certamente obterão uma melhor *performance* no seu pós-carreira! O profissional aposenta-se no auge da sua produtividade, mas não quer aposentar a sua profissão e nem ficar excluído do meio corporativo. Na era da comunicação e do conhecimento, esses profissionais encontram outras formas de continuar apresentando seus trabalhos e *expertises*, ratificando o pensamento do sociólogo Domênico De Masi (2000, p. 105), que diz que "o único tipo de emprego remunerado que permanecerá disponível com o passar do tempo será de tipo intelectual criativo e aquelas pessoas que não estiverem preparados para este tipo de ocupação terão dificuldades de permanecerem no mercado corporativo". No entanto, entendemos que nem todas as pessoas, após a sua aposentadoria, optam em continuar com uma senioridade produtiva, e essa escolha deve ser respeitada. Somente lembramos, por oportuno, a recomendação da OMS (Organização Mundial da saúde) sobre o envelhecimento ativo, visando a uma melhor qualidade de vida, tema que abordamos no capítulo 4º.

1

APOSENTADORIA, TEMPO DE REVER CONCEITOS: UM BREVE HISTÓRICO

Não permita que o medo e o preconceito sobre a aposentadoria seja maior que a emoção da sua conquista!

Ana Teles

O termo aposentadoria, etimologicamente, remete-nos à noção de recolhimento aos aposentos. O conceito nasceu na década de 1880, quando o chanceler alemão Otto Von Bismarck criou o primeiro sistema de pagamento de pensão a trabalhadores. Naquela época, as pessoas quando se aposentavam já não tinham tanto vigor físico. Os trabalhadores preparavam-se para descansar, na companhia de seus familiares. No entanto, como as doenças eram mais difíceis de ser controladas e curadas, em geral, isso contribuía para o encurtamento da vida das pessoas, após a aposentadoria.

No Brasil, a história da aposentadoria teve início em 1888. Os primeiros trabalhadores a serem agraciados com o benefício foram os funcionários dos Correios. No entanto, o ponto de partida para o surgimento da instituição da Previdência Social no Brasil foi o Decreto n. 4682, de 24 de janeiro de 1923, que determinou a criação de uma caixa de aposentadoria e pensões para os empregados das empresas ferroviárias.

Aposentadoria é um tema que traz consigo contradições e diversidades. No seu conceito, apresenta dois pontos essenciais: **a inatividade** após um tempo de serviço e a **sua remuneração** por essa inatividade. Porém o termo aposentadoria passou e passa ainda por atualizações que o levam cada vez mais distante do seu conceito inicial no final do século XIX e começo do século XX, quando o trabalho tinha a sua predominância e característica na agricultura e depois na indústria, exigindo um maior esforço físico dos trabalhadores. Dentro dessa realidade a concepção de aposentadoria estava associada ao tempo da velhice, do não trabalho, do lazer, da família e do descanso. Ao final do seu ciclo de trabalho, o trabalhador era excluído do meio corporativo e como já não gozava de uma saúde muito boa, as pessoas se isolavam da vida social.

Em geral, as pessoas se aposentavam não somente das atividades laborais, mas também da vida social. Ficavam inativos, literalmente de acordo com um dos pontos essenciais do conceito de **inatividade**. O conceito de aposentadoria vem se transformando nas últimas décadas, quer seja pelas mudanças na legislação específica em torno do tempo de contribuição, quer seja pelo tipo e característica do trabalho que nas décadas 40, 50 tinha uma característica mais braçal, e posteriormente evoluindo para uma característica mais intelectual.

Os aposentáveis optam cada vez mais por frustrar um dos elementos essenciais da aposentadoria que é a inatividade. Até porque o profissional se aposenta hoje em plena produtividade e não deseja ser excluído do meio coorporativo. Eles optam por continuar contribuindo com a sociedade com seus talentos, competências e aptidões.

A forma como os aposentados atualmente vivem difere muito dos estereótipos do velhinho de bengala e da velhinha que fazia crochê como antigamente. A aposentadoria gradativamente vai deixando de ser um período de férias eternas e vai abrindo espaço para um pós-carreira, um novo ciclo de oportunidades e realizações, com o aposentado assumindo o comando do seu tempo e da sua vida.

No século XXI, graças aos estudos e conquistas nas áreas da ciência e da tecnologia a serviço da longevidade, a expectativa de vida do homem triplicou. Este fenômeno mundial traz consigo um aumento da população de idosos (60 anos) e também de aposentados que viverão em média mais 20 anos. Os 70 anos, portanto, são os novos 50 anos.

Ao aposentar-se o cidadão tem acesso a um dos direitos da pessoa idosa que é a garantia de uma renda por tanto tempo trabalhado, quando a sua capacidade laborativa vai se retraindo. Isto era muito mais visível quando tínhamos uma atividade laboral que exigia um maior esforço físico (agricultura e indústria).

No entanto, precisamos ter a consciência de que a aposentadoria não é somente um salário que o trabalhador continua recebendo sem exercer a sua atividade profissional. Há de se considerar outros aspectos da sua vida que precisam estar harmonizados entre si. De nada adianta você ter mais tempo no seu período pós-carreira, se você não tiver saúde suficiente para executar alguns de seus projetos que foram deixados de lado, por causa das prioridades do seu trabalho.

O conceito de aposentadoria, aos poucos vai *dando espaço* a um segundo tempo profissional – o pós-carreira corporativo ou não. O profissional se aposenta e quer continuar colocando seus conhecimentos à disposição da sociedade. A *performance* da "nova terceira idade" é de permanecer ativa, trabalhando de forma remunerada ou voluntariamente.

Cada vez mais, as atividades são voltadas para prestação de serviço (venda de conhecimento), transferência de conhecimento e trabalhos em equipes, em que as pessoas mais experientes levam vantagem sobre os mais novos, em algumas características e habilidades. Não só a diferença de idade, mas a autoestima, elaboração mental e autoimagem. As empresas, de uma forma geral e mundial, diariamente, contratam profissionais seniores e diminuem preconceitos.

Em muitas situações, você verá que as pessoas, nesse segundo momento profissional, continuarão ativas após a aposentadoria, quer seja para complementar sua renda ou por uma realização pessoal.

Precisamos reciclar conceitos e continuar pesquisando novas formas de relação de trabalho para acompanhar essa nova tendência e *performance* do aposentado do século XXI, identificando na sua bagagem profissional e intelectual, que conhecimento você pode e gostaria de compartilhar e até monetizar. Que público tem necessidade desse serviço? Quanto vale a sua prestação de serviço?

Autores futuristas ressaltam a tendência da produtividade sênior para as novas gerações.

Schwartz (2003) considera importante prever algumas surpresas relacionadas ao futuro e aponta algumas tendências de como será a sociedade com um número maior de idosos. O autor ressalta que essas tendências não são aplicadas para todos os grupos ou países, bem como algumas delas dependem da evolução tecnológica. Apresentamos algumas dessas predições:

Dentro de 50 anos, muitas pessoas não se aposentarão, pois se manterão produtivas por muito mais tempo, em idades que superarão os 100 anos. Antes disso, em uma tendência de menor peso, a aposentadoria será dedicada a uma nova vida, uma oportunidade para que os idosos usem sua experiência e inteligência em contrapartida ao simples repouso e recreação, possibilitando prosseguir com uma vida produtiva.

As novas gerações encontram diariamente novas formas de renda, empreendendo e vendendo produtos ou serviços. A tendência mostra-nos que continuarão trabalhando por muitos anos da sua vida. A *performance* da "nova terceira idade" é de permanecer ativa, trabalhando de forma remunerada ou voluntariamente.

2

APOSENTADORIA E SUAS NUANCES

O analfabeto do século XXI não será aquele não conseguir ler nem escrever, mas aquele que não puder aprender, desaprender e, no fim aprender de novo.

(Alvin Toffler)

A longevidade é o resultado da evolução de estudos científicos e tecnológicos, ações e articulações às medidas políticas e econômicas, na área social, promovendo uma melhor qualidade de vida, com mais saúde e mudanças nos hábitos e estilos de vida da população. As pessoas viverão em média, um "plus" de 20 a 30 anos, para usufruir da sua aposentadoria.

A nossa expectativa de vida aumentou em torno de 30 anos, no período de 1940 a 2016. Segundo dados do Instituto Brasileiro de Geografia e Estatística (IBGE), a expectativa de vida ao nascer, em 2019, é de 80 anos para mulheres e 73 anos para homens. E, conforme o Relatório Mundial de Saúde e Envelhecimento, da Organização Mundial da Saúde (OMS), o número de pessoas com mais de 60 anos no Brasil deve aumentar muito mais rápido do que a média internacional. A expectativa é que duplique a quantidade de idosos no mundo até 2050 e, no Brasil, esse contingente cresça em escala superior.

O Brasil alcançou uma grande conquista, com relação ao aumento da expectativa de vida, haja vista que nos países desenvolvidos a qualidade de vida e o aumento da expectativa de vida já eram uma realidade. As recentes propostas de alteração das normas para a aposentadoria da previdência criam uma situação nova para o mercado de trabalho. As empresas precisarão absorver por mais tempo os profissionais seniores, e estes precisarão se manter atualizados para atender exigências do mercado.

As organizações vão despertando, lentamente, para essa realidade. No entanto, algumas empresas escolhem investir nos programas de *trainees* deixando de lado os programas que beneficiam aqueles que estão próximo à aposentadoria e que tanto serviram à organização. De acordo com Beth Barros, diretora da LHH Minas Gerais, no artigo do Correio Braziliense veiculado pelo Soesc (Sindicato de Odontologia) em 6 de fevereiro de 2018, "sem investir em profissionais seniores, companhias desperdiçam um ativo importante para a transmissão da gestão do conhecimento e continuidade dos negócios."

O aumento da expectativa de vida resultou também na elevação do número de aposentados, sendo um dos maiores desafios da atualidade. A necessidade de se desenvolver diretrizes políticas e ações de forma a garantir uma melhor qualidade de vida no acréscimo de longevidade que ganhamos é uma preocupação dos estudos acadêmicos, que acompanham esse novo desafio e vem mobilizando-se na realização de pesquisas, monografias, teses, livros, artigos e projetos voltados para essa população sênior.

Com uma maior longevidade, o planejamento pré-aposentadoria torna-se fundamental para que o tempo precioso do pós-carreira seja bem aproveitado, pois ele está apenas se iniciando com a aposentadoria. Sugere-se que o planejamento e a participação no programa de preparação para a aposentadoria seja feito, no mínimo com uns dois anos antes de se aposentar, para viabilizar alguns projetos, inclusive aqueles de ordem financeira. Essa atitude vai ajudar e muito nas suas escolhas e decisões no período de transição para a aposentadoria. Muito importante é focar outros aspectos da sua vida tão importantes quanto o aspecto financeiro e harmonizá-los entre si. Afinal, de que adianta você ter uma aposentadoria e uma boa carteira de investimentos se você não tiver uma saúde razoável para usufruir dessa fase tão esperada pelo trabalhador? A boa noticia é que, segundo vários estudos, depois da aposentadoria, geralmente, as pessoas passam a gastar muito menos do que gastavam quando estavam na ativa. Isso contribuirá de forma positiva para custear o seu projeto de vida pós-carreira, considerando que uma das perdas, com a ruptura com o mundo do trabalho é certamente a redução do seu salário por causa dos benefícios salariais indiretos (comissões, salário família, horas extras, auxílio alimentação, vale transporte etc.) que não são incorporados ao salário padrão do trabalhador.

Esperada por muitos trabalhadores, com bastante otimismo, a aposentadoria pode ser considerada como uma oportunidade de novas experiências e retomada de projetos não realizados, por falta de tempo. Entretanto um significativo número de pessoas teme essa transição, pela falta de uma preparação adequada, pelo medo do desconhecido, confirmando uma pesquisa que diz que o trabalhador brasileiro não tem o hábito de se preparar para a aposentadoria.

Hora de se aposentar! Depois de dezenas de anos, os melhores da sua vida, dedicando mais de 50% do seu tempo para se comprometer e viver a missão da organização, muitas vezes abrindo mão do tempo para suas atividades pessoais, lazer, família e amigos, chega a hora de virar o jogo. Mas como fazer? Muitas são as questões e dúvidas nesse momento: Estou preparada para processar as perdas advindas com a aposentadoria? Gerenciar os ganhos que terei a partir daí? Quais são os meus projetos para essa etapa pós-carreira? Como vou financiá-los? E tantas outras perguntas!

O impacto com a ruptura da rotina de trabalho é natural, afinal, tantos anos num ritmo acelerado de trabalho, estudando, atualizando-se para entregar sempre o melhor de si nas suas atividades e processos, contribuindo da melhor maneira possível para os resultados da empresa. Porém uma preparação para a aposentadoria vai trazer tranquilidade nessa transição, reduzindo a sensação de inutilidade, vazio, abandono e perdas, comum na pré-aposentadoria.

Para bem aproveitar essa nova fase da vida, é necessário **planejá-la**. O planejamento psicológico também é essencial para que seja possível adaptar-se bem à nova situação, sobretudo se o aposentado tinha uma rotina muito intensa de trabalho.

As pesquisas vêm demonstrando que as pessoas mais bem-sucedidas na aposentadoria são aquelas que se preparam para essa fase, por intermédio do planejamento que contribui para viabilizar uma maior autonomia, autoconfiança e sociabilidade, reduzindo a probabilidade de situações nefastas, já citadas anteriormente.

A falta de um planejamento, na pré-aposentadoria deixa o profissional em uma situação de vulnerabilidade para alguns sintomas muito comuns nos aposentáveis, quando se aproximam da fase da aposentadoria, conforme apontam as pesquisas: a síndrome da inutilidade, a perda do referencial, a sensação de abandono, dentre outros, que geram medo, pânico e insegurança no processo de transição evoluindo, em alguns casos, para a angústia e depressão.

Quanto mais cedo o profissional tiver consciência da necessidade de se preparar para a sua aposentadoria, maior possibilidade ele terá de transformar esse momento em uma grande oportunidade de novos projetos!

A forma como as pessoas acolhem esse momento da aposentadoria está relacionada com a percepção que cada pessoa tem sobre a realidade e como você reage frente aos acontecimentos. Tem relação também com a sua historia de vida e com o seu modelo mental.

É fundamental que os aposentáveis despertem para a importância de bem se preparar, de forma adequada, para essa fase da vida para superar os receios e construir uma aposentadoria digna e sustentável. Afinal, a aposentadoria é uma conquista e, portanto, um momento de vitória, e não de derrota para o trabalhador que faz jus ao descanso remunerado.

Para viver bem aposentadoria, faz-se necessária uma atualização da identidade, desvinculando aspectos relativos à organização, que foram alinhados para melhor desempenho da atividade profissional; atualização dos relacionamentos, de forma a substituir os relacionamentos com os colegas de trabalho pelas novas amizades; atualização da dinâmica da família no sentido de reaprender o funcionamento da rotina da casa e o relacionamento com o cônjuge, filhos e agregados; e aprendizagem sobre essa nova fase da vida. Algumas ferramentas são eficazes na construção do planejamento dessa fase pós-carreira e serão abordadas com detalhes em capítulos específicos.

- Programa de preparação para a aposentadoria
- Projeto de vida pós-carreira
- *Coaching* de aposentadoria

2.1 APOSENTADORIA E AS MUDANÇAS

É impossível progredir sem mudança, e aqueles que não mudam suas mentes não podem mudar nada.

(George Bernar Shaw)

A aposentadoria é uma das fases da vida que traz consigo mudanças muito significativas no aspecto pessoal, familiar e psicossocial. Adequações serão necessárias a esse momento de ruptura com o ambiente corporativo.

É hora de reinventar-se para viver com alegria e assertividade essa fase da sua vida com todas essas mudanças e que terão grande influência em sua organização psíquica.

Depois de décadas de uma exaustiva jornada laboral com muita dedicação para demonstrar a sua competência, atualizando-se constantemente para não ficar defasado, e tirar da força do próprio trabalho o sustento familiar, a aposentadoria é o momento conquistado e merecido !

Ao se desconectar da organização e passar pelo portal da aposentadoria você deixa a identidade da empresa e retoma a sua identidade pessoal. Na sua bagagem profissional e intelectual virão os seus conhecimentos e a experiência adquirida ao longo da sua carreira.

A mudança é a lei da vida. E aqueles que confiam somente no passado ou no presente estão destinados a perder o futuro.[1]

(Jonh E. Kennedy)

Algumas mudanças pessoais de comportamento, de atitudes, de postura etc., serão necessárias nessa nova fase, como as citadas a seguir:

- Readequar o meu modelo mental para essa nova fase. Readequar as lentes com as quais vejo o mundo.

- Aprender gerenciar o tempo, que é o ativo mais precioso que eu conquisto com a minha aposentadoria. Enquanto a maioria das

---

[1] Disponível em: www.pensador.com›Autores›JohnKennedy. Acesso em: 08 fev. 2020.

pessoas não tem autonomia sobre o tempo, agora eu sou dona(o) do meu tempo. Estou realmente preparada(o) para isso?

- Elaborar uma agenda que contemple tempo para cuidar de mim mesma(o): academia, entretenimento, programas culturais, saúde e lazer.

- Escolher e decidir que atividades eu quero fazer, após minha aposentadoria. Exercer uma atividade diferente daquela que eu exercia? Retomar meus antigos projetos pendentes? Fazer uma nova faculdade? Fazer um curso de idiomas? Retornar ao mercado de trabalho oferecendo serviços de consultoria, mentoria ou uma assessoria? Atuar como docente? Iniciar como um empreendedor? Dedicar-se ao voluntariado? Participar de um conselho ou de um grupo?

São mudanças que você poderá escolher. Agora, você pode e deve fazer aquilo que lhe dar prazer.

- Encontrar novos papéis. A aposentadoria é uma fase que exige novos papéis sociais. Reservar na sua agenda tempo para os seus projetos e realizações pessoais promovendo uma melhor qualidade de vida.

- Construir nova rede de amigos que preencha o vazio deixado por seus colegas de trabalho;

- Reaprender a se relacionar com a família, considerando a dificuldade do relacionamento intergeracional, com filhos e netos. Quando o adulto maduro é censurado (pelos mais jovens: "isso não é mais assim"; "cala a boca"; "você não entende" etc.), ele retrai-se, isola-se e vai fechando-se.

- Se fizer opção por voltar ou permanecer no mercado de trabalho, considerar a nova realidade do ambiente corporativo; novas tecnologias e metodologias. É necessário fazer uma atualização. Na segunda fase da vida, faça escolhas que lhe tragam bem-estar, que sejam confortáveis e deixem você de bem consigo mesmo.

Muitos têm sido os fatores que favorecem essas mudanças. Além das ferramentas supracitadas, outros quesitos favorecem essas mudanças:

- Afastamento gradual do trabalho, quando negociado com a empresa.

- Autoconhecimento, base para suas escolhas e decisões mais assertivas.
- Conhecer ao máximo sobre aposentadoria.
- Reorganização da vida familiar.
- Rede de relacionamento

A religião também tem sido um fator de adaptação para o idoso, gerando bem-estar espiritual e, consequentemente, o bem-estar psicológico.

Todas essas mudanças possibilitam ao aposentado fazer uma reflexão sobre tudo o que construiu até esse momento e dar continuidade a novos projetos de vida nessa segunda fase da sua vida.

2.2 APOSENTADORIA: GANHOS E PERDAS

O desligamento com o mundo corporativo, por ocasião da aposentadoria, implica em Ganhos e Perdas de alguns elementos que devem ser analisados e equacionados no sentido de harmonizar essa nova etapa da vida. Os ganhos que o trabalhador obtém na aposentadoria são bastante compensadores, desde que você tenha tomado consciência e ter se preparado, adequadamente, para viver esse momento com sabedoria e dignidade. O maior ganho, sem sombra de dúvida, é você voltar a ser dono do seu ativo mais precioso – **o tempo,** o *seu* tempo.

Enquanto todos os trabalhadores fazem malabarismo para fazer as atividades e cumprir os horários dentro das organizações, você agora é dono do seu próprio **tempo** e livre da exigência de marcar horários de entrada e saída nos pontos digitais. Nossa! Que alívio, principalmente para as mulheres, em especial as mamães que têm múltiplas jornadas de trabalho.

Outro ganho bastante significativo **é a autonomia** para dirigir a sua vida, criar e realizar os seus projetos pessoais. Porém esse último ganho só será possível se você permitiu-se planejar a sua aposentadoria com bastante antecedência como um projeto de longo prazo. Caso contrário, você será apenas mais um brasileiro que juntará a sua voz ao grupo que reclama sobre as perdas salariais e culpa somente a Previdência Social.

Na realidade, a aposentadoria não é um processo somente do trabalhador. Para formação da sua aposentadoria, no que se refere ao aspecto financeiro, ou seja, o recebimento do salário, sem cumprir jornada de trabalho, foi necessário o depósito mensal, durante anos, de uma parte desembolsada por você, trabalhador e outra pela sua empresa. Mas a prática tem nos mostrado que somente esse depósito, em geral, não será suficiente para você manter o mesmo padrão de vida após a sua aposentadoria. Você precisará fazer uma previdência privada ou outra aplicação em investimentos para complementação da sua aposentadoria, se você não pertence ao seleto grupo das empresas que têm uma caixa de complementação. De qualquer forma, essas caixas de complementação (como Cassi, Funbep e outras fundações) foram constituídas pela contribuição dos funcionários, de forma espontânea e disciplinada.

2.2.1 Ganhos

Tempo: com uma maior expectativa de vida, o planejamento pré-aposentadoria torna-se fundamental para que o tempo precioso do pós- carreira seja bem aproveitado, principalmente se você não permanecer no mercado de trabalho, logo após o seu desligamento da empresa. Nesse caso, é conveniente você ter um tempo para viagens e entretenimentos, visando a uma "desintoxicação e descompressão" da sua mente e do seu corpo. Após essa ruptura, seria oportuno fazer uma revisão e providências relativas às atividades pendentes, de uma forma prazerosa e confortável, principalmente aquelas de caráter pessoal.

Até agora você tinha um compromisso com a sua empresa mediante um contrato de trabalho. Você disponibilizou o seu tempo e suas competências em prol dos objetivos e missão dela. Em troca e com base no seu contrato, você recebia um salário e benefícios. Agora, com a aposentadoria, você retoma o seu tempo e assume o comando da sua vida. Muito importante nessa fase da vida é saber gerenciar o seu tempo para que não fique nem atropelado em tarefas suas e de outras pessoas da família, mas que você reserve agenda para os seus cuidados pessoais de saúde física, mental e espiritual. Permita-se fazer desse tempo a melhor fase da sua vida, fazendo e realizando aquilo que te faz feliz!

Gee e Baillie (1999) apontam que as pessoas que não sabem o que fazer com seu tempo livre tem expectativas negativas acerca da aposentadoria. Essas pessoas ainda não têm a clareza do seu propósito de vida e não formataram ainda o seu projeto pessoal. Os autores sugerem que os facilitadores devam focalizar as habilidades. Isso deve ser contemplado nos programas e processos específicos de preparação para a aposentadoria.

É fundamental para o resgate da identidade do aposentando, por ocasião da aposentadoria, identificar as suas habilidades e competências, no momento da transição e ruptura do seu contrato de trabalho. Dessa forma, é possível evidenciar a separação daquilo que era necessário ao desempenho de suas atividades na organização e o que realmente ele leva consigo para sua vida pós-carreira e que pertence ao seu patrimônio técnico e intelectual.

Autonomia: a liberdade de você poder escolher e decidir por atividades que tragam realização pessoal. Para que você tenha uma autonomia mais plena, faz-se necessário a harmonia entre alguns fatores como a saúde física, mental e financeira.

2.2.2 Perdas

A aposentadoria traz consigo uma das maiores perdas do ser humano, que é a sua exclusão do mundo corporativo. É deixar para trás uma carreira construída com muitas renúncias de ordem pessoal e, muitas vezes, até familiar para atender às solicitações da empresa em prol de uma missão organizacional. Uma carreira que foi alinhada de forma conveniente, a sua identidade pessoal e, principalmente, profissional com a missão da sua organização. Mas essa não é a realidade de todos aqueles que se aposentam. Você necessariamente não precisa deixar para trás tudo o que você construiu durante a sua vida profissional! Se você fizer opção de permanecer no mercado de trabalho, o ideal é continuar atuando na área em que você tem autonomia, o que significa utilizar boa parte da sua bagagem profissional. A complementação fica por conta de uma necessária atualização para atender às exigências do mercado de trabalho.

Se você for fazer um trabalho voluntário, a tendência é que coloque suas competências à disposição de uma comunidade. Enfim, muito desse seu conteúdo você aproveita em outras áreas da sua vida também! Às vezes, até o profissional opta por seguir a carreira docente em universidades ou colégios e transferir seus conhecimentos. Então, o conhecimento não se perde por completo. Sempre se aproveita muito, pois eles foram inseridos na sua vida e você leva-os consigo. Você somente vai deixar de lado o seu conhecimento técnico, quando se tratar de um conteúdo que foi padronizado somente para a sua organização ou se você for atuar numa área totalmente diferente.

Papéis: segundo Santos (1990), a sociedade reconhece e mede o valor do homem, por meio dos papéis profissionais que ele representa e pela posição desses papéis na sociedade. É por meio do papel profissional que a pessoa adquire o status social.

Com a aposentadoria, você perde não somente o seu trabalho, mas também a sua função no quadro funcional da organização que você representava. É de fundamental importância nesse momento de transição, que os pré-aposentados elabore novos projetos e assuma novos papéis sociais.

A história social do homem tem deixado evidente que, sob qualquer modo de produção, o trabalho é a porta que introduz o cidadão no processo de desenvolvimento da sociedade, sendo então, um indicador de sua participação social. O trabalho, ao longo da história, constitui-se na referência de construção da identidade e sociabilidade humanas.

Status: entre as perdas, que o trabalhador tem por ocasião da aposentadoria está o sobrenome da empresa, e com ela o prestígio e o status que o nome da organização lhe concede, o contato com os colegas de trabalho, fornecedores, clientes, e as amizades relacionadas ao trabalho.

Tudo isso pode gerar insegurança, medo, baixa autoestima, sentindo-se o aposentado, inseguro até mesmo com o seu retorno ao seio familiar. É adequado que ainda na ativa o profissional reserve tempo para o lazer com a família e os amigos, para reduzir o impacto quando do desligamento da empresa. Investir na qualidade de vida, no lazer e na afetividade pessoal. Essa é a realidade para a maioria dos aposentados, mas não para a maioria dos altos executivos que se aposentam! Pelos vários papéis que exerceram, trazem em sua bagagem profissional, competências e talentos que os habilitam para permanecer produtivos no mercado de trabalho. Quanto mais importante é o cargo ocupado, maior o significado do "status social" em suas vidas.

França (1999) afirma que, apesar de nem todos os trabalhadores terem planejado ou escolhido suas profissões, e a despeito do trabalho não ser agradável ou satisfatório para todos, a aposentadoria não significa apenas liberdade, prazer e lazer como se poderia imaginar, mesmo para aqueles que têm uma condição financeira razoável como é o caso dos executivos. A ruptura com o mundo organizacional, ocasionado pela aposentadoria, cria uma necessidade de reorganização na vida da pessoa. O resgate e atualização da identidade pessoal, têm como base, as crenças, os valores, a história de vida, e a nova missão de vida do aposentado. Além de uma reorganização de vida, faz-se necessária também uma profunda reformulação do pensamento, posicionamento e atitudes para a construção de uma nova realidade.

Perdas Financeiras: enganam-se aqueles que pensam que somente uma preparação na área financeira, supre todas as necessidades dessa nova realidade do aposentado. Necessária faz-se uma harmonia entre outros aspectos biopsicossocial, cultural e espiritual da vida da pessoa.

Com a aposentadoria você tem uma redução no seu salário, seja pelos salários indiretos (auxilio alimentação, auxílio transporte, comissões, ajuda de custo etc.), seja pelos próprios reajustes, que, em geral, não acompanham os reajustes do pessoal da ativa.

Passado alguns meses da nova fase vivida pelo aposentado, ele vai perceber que o seu salário reduziu, em relação *aos valores* quando ele estava na ativa. Com um decréscimo na sua renda, ele não consegue realizar as tão sonhadas viagens. Sentem-se responsáveis em ajudar os filhos desempregados ou divorciados e ainda têm dificuldades para uma recolocação no mercado de trabalho por causa da idade.

Quanto antes o trabalhador despertar para a necessidade de se planejar para essa fase, principalmente no aspecto financeiro, que requer um maior período de tempo para seus investimentos em prol da aposentadoria, maiores serão as chances de uma aposentadoria com êxito.

2.3 APOSENTADORIA E TRABALHO

> *O trabalho é parte da vida. Uma parte muito importante, mas o trabalho não é a vida.*
>
> (Rick Boxx)

O ser humano, desde cedo, é preparado para o trabalho e necessita dele, não só por questão de sustentabilidade, como de crescimento pessoal. O trabalho torna-se um elemento fundamental na construção da identidade humana, pela sua importância e valor.

É por meio do papel profissional que o cidadão tem acesso ao mundo corporativo.

A falta do trabalho pode gerar inúmeros sentimentos negativos como a sensação de inutilidade, rejeição, baixa autoestima, angústia, podendo desarticular a pessoa em qualquer fase da vida do profissional. Porém a ruptura com o mundo corporativo por ocasião da aposentadoria, sem uma preparação prévia e adequada, podem produzir todos esses sentimentos e, principalmente, o sentimento de perda e do abandono.

Pela ótica do não trabalho, Enriquez (1999) chama atenção para as consequências que a falta de trabalho pode gerar nas pessoas. Segundo ele, sabe-se que sua perda provoca uma ferida profunda na identidade das pessoas, contribuindo para a deterioração de sua personalidade.

Todos esses sentimentos merecem uma atenção especial na forma como cada trabalhador elabora esse processo, visando à preservação e ao equilíbrio dos aspectos pessoais, familiar e social.

A ruptura com o trabalho pela aposentadoria, sem um planejamento prévio que oriente o aposentado como reorganizar sua vida e suas finanças pode gerar ansiedade e depressão, o que comprometerá a saúde do cidadão. Segundo França (1999), não são poucos os casos de doenças psicossomáticas adquiridas durante e após o processo de desligamento do trabalho.

A inatividade mental e física e a redução de contato social constituem-se numa das principais portas de entrada para muitas doenças e um fator de risco para o agravamento das doenças crônicas.

De acordo com Magalhães *et al.* (2005), a perda do emprego ou interrupção de atividades desempenhadas ao longo dos anos no mundo do trabalho e a consequente perda dos vínculos sociais estabelecidos nesse contexto, podem trazer danos severos à qualidade de vida do indivíduo.

O conceito de aposentadoria, até poucos anos atrás, era associada ao tempo da velhice, da inatividade, do lazer, da família e do descanso. Contudo essa concepção vem mudando ao longo do tempo, uma vez que muitos aposentados, principalmente aqueles que vivenciam uma aposentadoria precoce (antes dos 60 anos), continua trabalhando por necessidade, seja financeira, psicológica ou social.

A nova *performance* do aposentado apresenta-se com uma mudança de comportamento a partir da continuidade ocupacional.

Eles querem permanecer ativos, de uma forma remunerada ou não. Aquela fase do aposentado "pendurar as chuteiras", "colocar o pijama", são pensamentos totalmente ultrapassados! Eles querem continuar contribuindo com a sociedade.

Estudos e pesquisas feitas em diversos países mostraram que os aposentados procuram levar uma vida ativa, que assumem o compromisso de nunca ficar parados lamentando-se, mas sim se posicionando e agindo como parte importante dos acontecimentos sociais, políticos, artísticos, esportivos, religiosos e culturais. Esse posicionamento, além de contribuir para uma melhor qualidade de vida, contribui também para que eles participem das buscas de soluções a cerca de problemas sociais, inclusive aqueles de políticas públicas sobre essa faixa etária. Os aposentados que se incluem nesse perfil têm muito mais motivação e alegria de viver, ao contrário daqueles que nada fazem para ocupar o seu tempo livre.

2.3.1. Aposentadoria: fim ou recomeço?

O desligamento com o mundo corporativo, por ocasião da aposentadoria, representa o encerramento de um ciclo profissional/laboral e o acesso à aposentadoria, e não o desligamento da vida afetiva, social, cultural e produtiva, que continuam e podem ser vividas de uma forma prazerosa e inovadora.

Foi-se o tempo em que a palavra aposentadoria designava o fim de uma vida produtiva. Pelo contrário, hoje é vista como um ponto de transição para uma nova fase da vida. O trabalho ajuda os mais idosos a manterem suas mentes e corpos ativos, proporcionando interação social e encontrando um sentido para a vida, além de ser uma oportunidade para o indivíduo dedicar-se àquilo que lhe traz realização pessoal.

A continuidade da atividade laboral do aposentado promove uma melhor qualidade de vida, minimizando os impactos das perdas presente nessa etapa da vida inclusive as de ordem financeira que reduz a capacidade de consumo, dificultando ainda mais uma nova realidade do idoso que é também a de provedor de suas famílias e agregados. No entanto, sugerimos que a continuidade aconteça preferencialmente, na área do conhecimento e habilidade na qual você já tem experiência, viabilizando uma maior autonomia e garantindo o seu êxito.

Entender o contexto biopsicossocial do envelhecimento humano possibilita a reflexão sobre a postura do aposentado, após o seu desligamento do trabalho, de escolher um caminho de atividade ou passividade, nessa nova etapa da sua vida.

Para muitos profissionais, a aposentadoria não é vista como o final da vida produtiva, mas como uma transição para outro ciclo da fase da vida, que poderá ser tão interessante ou mais do que a fase que se finda.

Esses profissionais ao chegarem ao portal da aposentadoria, pegam a sua identidade pessoal, deixam a identidade da empresa, avaliam o seu patrimônio profissional e intelectual e continuam a sua jornada profissional, dessa vez com base nas suas competências, na sua missão de vida, trabalhando agora no seu segundo tempo, no seu pós-carreira, naquilo que ele gosta e acredita, com a carga horária determinada por ele, deixando sempre um tempo para suas atividades pessoais e de lazer com a família.

O advento da internet e do mundo digital aumentaram as possibilidades, as formas de trabalho e a maneira de como apresentar o seu produto ao consumidor. Há que se considerar que o profissional sênior se aposenta-se, hoje, com muita energia e produtividade. Ter um pós-carreira ativo é uma escolha interessante, desde que a sua opção seja algo que traga realização pessoal.

Para Rodolfo Amstalden, analista da Empiricus, em alguns casos, continuar trabalhando depois de se aposentar pode ser muito positivo. "O trabalho nessa fase é até mais relacionado à qualidade de vida do que à parte financeira." [2]

2.3.2 Por que os profissionais permanecem ou voltam ao mercado de trabalho?

Por que alguns profissionais permanecem no mercado de trabalho, se a aposentadoria proporciona uma oportunidade de você dispor do seu tempo da melhor forma que você quiser?

a. Necessidade financeira: alguns profissionais decidem permanecer no ambiente corporativo, para complementar a sua renda. A insegurança Financeira ocasionada pela falta de Poupança durante a fase ativa e a necessidade de custear os estudos dos filhos para a sua formação profissional, contribuem para que alguns trabalhadores seniores atravessem o portal da aposentadoria e permaneçam no mercado de trabalho, o que também apresenta o seu lado positivo. Há que se considerar a realidade dos profissionais brasileiros, na qual a maioria dos aposentados não consegue bancar as suas necessidades básicas de manutenção e dos seus dependentes, principalmente quando cabe ao aposentado o papel de mantenedor do grupo familiar, face ao baixo valor pecuniário das aposentadorias.

---

[2] Retirado de artigo da **Revista Exame**, 17 ago. 2013. Acesso em: 08 fev. 2020.

Existe inúmeras oportunidades de se tornar produtivo, encontrar realização pessoal e profissional e ainda fazer uma contribuição à sociedade.

b. Necessidade social: enganam-se aqueles que pensam que a permanência ou retorno ao mercado de trabalho dos profissionais, acontecem somente com aqueles que precisam complementar a sua renda, pelas perdas da aposentadoria. Muitos profissionais fazem essa escolha, de forma consciente e planejada, como forma de "evitar a marginalização social e a partir da apropriação da positividade conferida ao ato de trabalhar" (CARLOS *et al.*, 1999, p. 81). Outros profissionais, para viver a sua missão de vida, fazer aquilo que gosta e tem paixão e também para ter uma melhor qualidade de vida, decidem continuar ativos contribuindo com a sociedade.

c. Necessidade psicológica: segundo pesquisas, um dos maiores medos que a aposentadoria traz consigo é a marginalização social e desvalorização pelas quais o aposentado é vítima, quando passa a ser visto como improdutivo e, portanto, inútil dentro de uma sociedade capitalista!

Diante dessa realidade é fundamental que o pré-aposentado seja beneficiado por um Programa de Preparação para a aposentadoria que permita atualizar a sua identidade, apoiando-se nos valores que reconhece na sua personalidade e não mais no status ou na imagem social que antes lhe era atribuída pelo trabalho. Construir o seu projeto pessoal de vida pós-carreira para bem elaborar todos esses aspectos e fazer uma transição com segurança e tranquilidade.

d. Por outros motivos:

Outro motivo pelos quais profissionais permanecem ou retornam ao mercado de trabalho, são fatores de ordens subjetivas como o status social e continuar sendo útil em uma sociedade capitalista onde ser produtivo é a coisa mais relevante. Eles escolhem permanecer ativos, exercendo atividades que têm afinidade e promova uma realização pessoal e profissional, como uma consultoria, docência, empreendedorismo, trabalho voluntário, participação em associações, conselhos, federações, sindicatos etc.

É um momento da sua vida que você pode escolher o que mais lhe convier, inclusive voltar estudar para iniciar uma nova profissão.

A atividade, seja profissional, voluntária ou de lazer vai ajudar de forma positiva no processo de transição para a aposentadoria, trazendo um sentimento de pertença a uma comunidade a partir do próprio processo de construção do trabalho. Essa atitude ajuda a afastar os sentimentos negativos associados à aposentadoria e ainda presta um serviço à sociedade.

Quando você pode escolher esses caminhos que promovam uma realização pessoal e te dão prazer no seu pós-carreira, você certamente vai exercer essas atividades com alegria e gratidão! Então, trabalhando com o que gostamos, os nossos dias serão bem mais prazerosos, como nos ensina um pensamento de Confúcio, filósofo e pensador chinês: "Escolhe um trabalho de que gostes, e não terás que trabalhar nem um dia na tua vida". [3]

Um ponto importantíssimo a ser lembrado quando o profissional escolhe permanecer ou retornar ao mercado de trabalho é uma reciclagem que lhe permita continuar a sua jornada, dessa vez, com base nas suas competências, na sua missão de vida, trabalhando agora no pós-carreira naquilo que ele gosta e acredita, porém observando uma carga horária mais flexível deixando sempre um tempo para suas atividades pessoais e de lazer com a família.

O caminho para esses profissionais é estar em movimento, em constante atualização. A experiência em diferentes áreas, o seu *know how*, experiência de vida, competências, talentos e interesses, muito contribuem para oferecer soluções mais assertivas, como é o caso de alguns executivos de grandes organizações.

Considerar também os pontos a seguir:

- Escolher uma área de atuação que seja alinhada à sua missão de vida, para que seja uma atividade prazerosa trazendo motivação e realização pessoal.

- Começar a pesquisa no mercado de trabalho, antes mesmo do seu desligamento da organização na qual você presta serviço. A forma de seleção do mercado para os profissionais que ainda

---

[3] Retirado de **Portal Kdfrases**. Acesso em: 08 fev. 2020.

estão no mercado de trabalho é mais favorável quando ainda mantém o vínculo empregatício.

As empresas dão preferência em contratar pessoas que não estejam ainda desligadas do ambiente corporativo.

- Para você que quer voltar a ser funcionário, procure se envolver com projetos de Curto Prazo, quando você já conhece o prazo final e pode gerenciar melhor os seus projetos pessoais.

- Manter-se sempre atualizado, principalmente em relação às novas tecnologias e redes sociais. O profissional que se atualiza torna-se sedutor ao mercado de trabalho e fica na mira dos *headhunters*.

- Desenvolver-se em áreas que promovam uma maior autonomia, tais como: consultoria, empreendedorismo, docência, *coaching* etc.

- Atualizar também o seu currículo.

Nessa época em que vivemos com tantas facilidades na área da comunicação e do conhecimento, na área da internet e do marketing digital, o profissional pode trabalhar online, se for o caso, graças às inúmeras plataformas de trabalhos disponíveis e de fácil acesso. A facilidade de interação com diversos grupos em assuntos que lhe interessem, são canais de trocas de ideias e conteúdos que atualizam conhecimentos e agregam valor nos relacionamentos virtuais.

2.3.3 Quando é a hora de Parar de Trabalhar?

Segundo dados do IBGE, a volta dos aposentados ao mercado está num processo ascendente. De 2000 para 2011, subiu 63%, de 3,3 milhões para 5,4 milhões, o número de parcialmente "inativos" que desempenham alguma atividade econômica.

Para o sociólogo Domênico De Masi, a aposentadoria é uma ideia absurda: "Se gostamos do trabalho intelectual, devemos fazê-lo enquanto o cérebro funciona. Para os trabalhos criativos não existe horário nem aposentadoria." [4]

---

[4] **Revista IstoÉ**, edição: 24 mar. 2017. Nº 2467.

No entanto, entendemos que nem todas as pessoas, após a sua aposentadoria, optam em continuar com uma senioridade produtiva, e essa escolha deve ser respeitada. Mas a recomendação da OMS (Organização Mundial da Saúde) sobre o envelhecimento ativo, tem como objetivo uma melhor qualidade de vida.

3

O APOSENTADO E OS ASPECTOS PSICOSSOCIAIS

Uma das perdas na transição para a Aposentadoria é a autoestima, proporcional ao cargo ocupado, principalmente para as pessoas que não fizeram uma preparação em tempo hábil e de forma adequada."

(Ana Teles)

Durante as últimas décadas, a ciência gerontológica, as políticas sociais e os avanços culturais, médicos, econômicos e tecnológicos, de forma multidisciplinar, envidaram esforços que resultou em grandes aumentos na longevidade e na qualidade do envelhecimento humano, especialmente na velhice inicial (terceira idade).

O fenômeno do envelhecimento global requer reflexões permanentes e profundas relativas a esse assunto. Não somente a manutenção da atividade da pessoa idosa, mas outros aspectos de ordem psicossocial, cultural, afetiva e até espiritual.

A terceira idade é uma etapa da vida que apresenta grandes mudanças, de aspectos físicos, psicológicos, sociais, econômicos e outros. A aposentadoria é uma das mudanças mais significativas nessa fase, pois interfere no modo como a pessoa idosa percebe-se e até como ela é percebida pela sociedade.

O desligamento do trabalho por ocasião da aposentadoria traz consigo mudanças dos aspectos psicossociais do aposentado, tais como um maior tempo de convivência com a família, a perda do papel social de trabalhador, afastamento dos colegas de trabalho, diminuição do poder aquisitivo, além de vários outros agentes estressores, como por exemplo a forma como o trabalho é supervalorizado pela sociedade, o que faz com que o indivíduo aposentado sinta-se como alguém que já não pode oferecer ou contribuir para a sociedade, gerando sentimento de inutilidade, podendo afetar sua identidade, autoestima e sentido da vida (LEITE, 1993).

A inatividade e a falta de perspectivas na aposentadoria poderão resultar em sentimentos de ansiedade e depressão que prejudicam a saúde do indivíduo. São relativamente comuns os casos de doenças psicossomáticas adquiridas durante e após o processo de aposentadoria (FRANÇA, 2002; 2009).

Há que se considerar que a aposentadoria também possui o seu lado positivo, já que o indivíduo passa a possuir maior disponibilidade de tempo, seja para o lazer ou para o desenvolvimento de atividades que por muito tempo durante a vida estiveram adormecidas (VERAS; RAMOS; KALACHE, 1987). Porém as estatísticas mostram-nos que a maioria dos brasileiros, por vários motivos, não se preparam para essa fase de transição com um projeto de vida pós-trabalho, com metas claras e objetivas, sabendo o que vai fazer e como vai fazer, contribuindo, dessa forma, para surpresas não muito agradáveis, como frustrações e desapontamentos, na aposentadoria.

Acredita-se que o cuidado prévio com o trabalhador poderia resgatar sua autoestima, os projetos de futuro e identidade, já que na maioria das vezes, o papel profissional sobrepõe-se aos outros papéis do indivíduo (ARAÚJO; COUTINHO; CARVALHO, 2005).

Ainda nesse sentido, em muito ajudaria aos aposentáveis a iniciativa da própria organização promover um programa de preparação adequada para uma transição com tranquilidade e confiança.

A pré-aposentadoria tem significado um período de expectativas e ansiedade para o indivíduo, uma vez que, nesse desligamento, encontram-se envolvidos os domínios psíquicos, sociais, espirituais e físicos do homem (OMS-QVT).

Os meses que antecedem a aposentadoria pode ser um tempo de ansiedade e estresse para o trabalhador, podendo experimentar reações ambivalentes. De um lado, vivencia sentimentos de liberdade pelo dever cumprido e pela conquista de um direito. De outro lado, vivencia sentimentos negativos com a perda da identidade profissional e do sentido da vida que lhe proporcionava. O constrangimento de se sentir fora do mundo produtivo do trabalho e o medo de uma realidade desconhecida.

Os fatores psicossociais são considerados decisivos pelo cardiologista Roque Savioli, diretor da Unidade de Saúde Suplementar do InCor (Instituto do Coração do Hospital das Clínicas de São Paulo):

> Estudos mostram a importância desses fatores no desenvolvimento de doenças cardiovasculares. Em minha experiência clínica, percebo como é comum o aposentado experimentar uma falta de objetivos e de sentido na vida, que leva à depressão. Assim, passa a não se cuidar, abandona as atividades físicas, enfim, contribui ainda mais para o surgimento da doença.[5]

Embora o estresse profissional também seja um fator de risco para a saúde do coração, Savioli acredita que, ao se aposentar, a pessoa pode ser submetida a outros tipos de estresse, não menos importantes do que os vividos no trabalho.

"Entre eles, o estresse marital. Quanto mais tempo a pessoa fica ociosa, maior a probabilidade de surgirem conflitos com os familiares", afirma o cardiologista[6].

Ficar ocioso e sem perspectiva é o problema. "A aposentadoria em si não mata, mas sim a forma como ela é encarada", diz Lucia França, professora do mestrado em Psicologia da Universidade Salgado de Oliveira (no Rio de Janeiro) e autora de *O Desafio da Aposentadoria*. 3 de abr. de 2008 .Folha de S.Paulo - Envelhecimento: Aposentadoria ativa. Acesso 08.02.2020

3.1 TRABALHO E IDENTIDADE

Segundo Magalhães, Krieger, Vivian, Straliotto, Marques e Euzeby (2005), o trabalho contém um dos aspectos mais importantes da identidade pessoal, assim como o próprio nome, sendo que o sucesso e a realização pessoal no trabalho reafirmam o senso de identidade pessoal, além de promover o reconhecimento social. Segundo esses mesmos autores, "em nossa cultura, o papel profissional é um dos pilares fundamentais da autoestima, identidade e senso de utilidade". [7]

---

[5] **Folha de S. Paulo**. Envelhecimento: Aposentadoria ativa. Disponível em: www1.folha.uol.com.br › fsp › equilíbrio. Acesso em: 08 fev. 2020.

[6] ENVELHECIMENTO: Aposentadoria ativa. *Folha de S. Paulo*, 3 abr. 2008.

[7] MAGALHÃES, Krieger; VIVIAN, Straliotto; MARQUES, Euzeby; 2005, p.2)

É pelo trabalho que o homem é inserido no processo de desenvolvimento da sociedade, tornando-se um elemento fundamental na constituição da identidade humana. Por isso a interrupção de atividades profissionais, e a perda dos vínculos sociais ali estabelecidos, podem trazer dificuldades capazes de ameaçar a qualidade de vida dos indivíduos. O afastamento do trabalho ocasionado pela aposentadoria gera sentimentos ambíguos: crise – pela recusa em aceitar a condição de aposentado, devido à imagem estigmatizada vinculada à inatividade que tal condição confere; e liberdade – sentimento resultante da busca pelo prazer em atividades de lazer e concretização de planos anteriormente impossíveis de se realizarem pelo compromisso/obrigação de trabalhar (SANTOS, 1990).

3.2 O APOSENTADO E ATIVIDADE

Para Bruns e Abreu (1997), a realização pessoal fica sempre como um esboço de projeto a ser executado após a aposentadoria, e quando essa chega, a maioria das pessoas ficam surpresas e desencantadas por não saberem gerenciar com prazer a vida sem uma ocupação profissional. Nesse caso, a ausência de um projeto pessoal, pode gerar frustrações, angústia e solidão.

O desligamento do trabalho por ocasião da aposentadoria, sem uma preparação prévia, pode trazer efeitos psicológicos negativos nos idosos. Sem a elaboração de um projeto pessoal de vida pós-carreira, abrangendo vários aspectos da vida, preparando esses profissionais para o retorno às suas famílias, pode gerar ou agravar conflitos familiares por conta de um maior tempo do aposentado em casa. Estudos recentes revelaram que somente 5% dos aposentados adaptam-se às novas condições de vida, exercendo alguma atividade, praticando passatempos ou desfrutando o lazer do tempo livre (LEITE, 1993).

O planejamento psicológico também é essencial, principalmente para aqueles aposentados que tinha uma rotina de trabalho muito intensa para que o trabalhador vá desacelerando gradualmente do trabalho e fazendo uma adaptação tranquila à nova fase. Nesse segundo tempo, a atividade é bem-vinda, contudo numa área de que você goste muito e numa carga horária menos intensa, lembrando sempre de deixar "um tempo" para as suas atividades pessoais, culturais e de lazer!

É importante para o idoso, caso ele queira manter-se fazendo alguma atividade, como trabalhar, por exemplo, que, talvez, possa amenizar sua perda ocupacional, para que também, sua noção de produtividade e atividade tanto físico quanto mental se mantenha. (PAPALIA; OLDS, 2000).

No entanto, o melhor é que o próprio aposentado faça a escolha das atividades que estejam relacionadas com o seu propósito de vida e que lhe proporcione realização pessoal, cuidando sempre para reservar um tempo para suas atividades pessoais, saúde, cultura e lazer.

3.3 O APOSENTADO E O PRECONCEITO

O vínculo com o trabalho mantém-se após a aposentadoria como forma de "evitar a marginalização social e a partir da apropriação da positividade conferida ao ato de trabalhar" [8]

A aposentadoria entendida como afastamento do trabalho dificulta o processo de envelhecimento do trabalhador. Essa ideia tem origens históricas e culturais, uma vez que, algumas décadas atrás, quem se aposentava não precisava continuar trabalhando, pois a renda da aposentadoria bastava para o seu sustento, o que hoje não acontece. O idoso enfrenta preconceitos por ser idosos, e também por ser aposentado.

Os aspectos e as condições socioculturais fazem com que a imagem do profissional sênior e da pessoa idosa diferencie-se nos diversos contextos e esteja sujeito à interferência de preconceitos e estereótipos sociais.

Segundo uma pesquisa feita com 4000 pessoas em todo o Brasil pelo Instituto Perseu Abramo sobre o tema aposentadoria, a discriminação social é a segunda maior preocupação das pessoas. A tendência da Sociedade é ter uma visão negativa sobre o idoso com a qualificação de incapacidade, e portanto, desprezando as

---
[8] CARLOS, Jacques; LARRATÉA; HEREDIA (1999, p. 81). **Revista Kairós**: Gerontologia. São Paulo, jun. 2010

suas opiniões, em papéis em que ele poderia exercer na sociedade, dedicando a esses, uma postura de invisibilidade.

Na vida do homem, a aposentadoria muitas vezes acontece como uma descontinuidade. Há uma ruptura com o passado, o homem deve ajustar-se a uma nova condição que lhe traz certas vantagens, como o descanso, lazer, mas também graves desvantagens como desvalorização e desqualificação.

Na lógica capitalista o trabalho só é considerado produtivo quando gera valor que supera o que foi gasto. Ou, simplesmente, produtivo é que dá lucro. O fato de não estar trabalhando, leva o homem a enfrentar um processo de desvalorização social. O trabalho passa, então, a ser uma maneira de estar incluído e locado na sociedade. Wickert (1999, p. 68) ressalta essa questão a seguir: "Sim, o trabalho passa a ser a via de acesso para o lugar social, pois o sujeito só tem o reconhecimento de sua existência, caso esteja produzindo".

4

OS SETE PILARES DA APOSENTADORIA BEM SUCEDIDA

> *Tão importante quanto o aumento da Longevidade é desenhar o seu Pós-carreira com as ferramentas de um Novo Projeto de Vida e a Implementação com um Processo de Coaching*
>
> *(Ana Teles)*

Graças à evolução da ciência e da tecnologia a serviço da longevidade, ganhamos 20 a 30 anos para viver a nossa aposentadoria. Período esse que devemos adicionar qualidade aos anos acrescidos para viabilizarmos uma aposentadoria sustentável. Considerando que a atividade é um dos pré-requisitos para uma melhor qualidade de vida das pessoas, a continuidade de atividades intelectuais, físicas e sociais muito contribuirá para alcançar essa meta.

Tão importante quanto foi a fase da conquista do primeiro emprego, da entrada no mercado de trabalho, é se preparar para a saída do mundo corporativo. A opinião dos autores contemporâneos sobre esse assunto é que devemos nos preparar para encerrar uma carreira e iniciar um trabalho.

Todo processo de transição para a aposentadoria traz consigo muita ansiedade, medo e incerteza do desconhecido, sensação de vazio, de inutilidade e outros sentimentos negativos, que terminam por gerar uma insegurança na fase que antecede o desligamento da empresa. Mas todos esses sentimentos podem e devem ser minimizados ou até mesmo eliminados quando o trabalhador tem a oportunidade de participar de um programa de preparação para a aposentadoria ou um *coaching* de aposentadoria.

Mesmo as pessoas que têm muita competência, mas foram educadas para "uma carreira para a vida" têm problemas porque são altamente competentes para a tomada de decisões naquilo que já conhecem. Geralmente, é o caso dos altos executivos.

Você estava com a sua vida estruturada e estabilizada após tantos anos de dedicação ao trabalho. Preparou-se, atualizou-se para desempenhar da melhor maneira possível o seu trabalho. Agora você é convidado a abandonar o seu posto, a sua segurança, o status, o poder, o prestígio, o convívio com os seus colegas de trabalho e outros benefícios indiretos que o seu trabalho lhe concede. Você tem que sair, necessariamente, da sua área de conforto e construir um segundo tempo no período pós-carreira.

Você estará preparado para novas realidades? Você estará pronto para enfrentar a tão esperada aposentadoria?

Segundo França (2009) a adaptação à aposentadoria, assim como a adaptação ao envelhecimento, dependerá da prevenção dos aposentáveis aos fatores de risco - como a promoção da saúde e do alcance de uma poupança para o futuro – e da adoção de medidas que facilitem os fatores de bem-estar nessa transição – como a educação, trabalho, renda, vínculos sociais, afetivos e familiares.

Diante dessa realidade o profissional tende a buscar novos rumos, descobrir novas oportunidades, após a aposentadoria. Cada um precisa aprender a recriar uma nova identidade, apoiando-se nos valores que reconhece na sua personalidade e não mais no o status ou na imagem social que antes lhe era atribuída pelo trabalho. Nos dias atuais, aposentadoria não significa mais final de linha, hora de se "retirar" para descansar! Aos poucos o conceito de aposentadoria vai saindo de cena, dando lugar a um novo conceito, o pós-carreira!

Para bem viver a aposentadoria de forma ativa e bem-sucedida, consideramos sete pilares necessários para sustentar essa nova fase:

1. Conhecimento

2. Gestão financeira

3. Saúde sob controle

4. Rede de relacionamentos

5. Educação Permanente
6. Competência (*expertise*)
7. Projeto de vida

Os sete pilares para uma aposentadoria com êxito não foram escolhidas por acaso. Após muita leitura e pesquisa sobre o comportamento e as necessidades dos aposentados, analisando a roda da vida daqueles que participaram dos nossos seminários de Preparação para a Aposentadoria – PPA, chegamos a esses pilares para a sustentabilidade de uma aposentadoria com êxito. A aposentadoria pode sim ser um período de muitas realizações!

Tão importante quanto assegurar recursos financeiros, é harmonizar os demais aspectos e preparar-se para viver uma vida ativa e produtiva na aposentadoria. E esse processo deve começar muito antes do desligamento do aposentável, da organização.

4.1 CONHECIMENTO

> *As pressões e adversidades da vida se dissipam à Luz do Conhecimento*
>
> (Dalle Carnegier)

Vivemos na era do conhecimento!

Nunca antes as pessoas tiveram tanta disponibilidade de acesso às informações e ao conhecimento como nos dias de hoje. O avanço da tecnologia e a participação ativa em redes de relacionamento têm feito com que o desenvolvimento pessoal e profissional seja uma prática contínua de aprimoramento. No entanto precisamos perceber essa nova realidade como uma oportunidade de crescimento, para que tenhamos um melhor aproveitamento.

Vivemos em um mundo cujas competências são estabelecidas pela chamada Sociedade do Conhecimento. A Revolução do Conhecimento trouxe consigo, novas exigências pessoais e profissionais.

O trabalhador tende a buscar novos rumos após a aposentadoria, acompanhando as tendências e evolução das mudanças no processo de transição. Na sociedade do conhecimento cada vez menos encontraremos pessoas que aposentarão suas carreiras. Em vez disso, quando chegarem à maturidade, adotarão novos modelos para a entrega de suas competências.

O momento não é de descanso e nem de acomodação, até por que o pré-aposentado de hoje, está no auge da sua produtividade. O momento é na verdade, de buscar um novo desafio que permita a continuidade do seu desenvolvimento pessoal e auto realização.

O conhecimento é um pré – requisito muito importante para o êxito na busca e conquista da aposentadoria Ativa. Nossas vidas e trabalho estão cada vez mais centradas na criação, comunicação e aplicação do conhecimento. Porém, para que esse conhecimento seja mais completo e efetivo, ele deve começar em você, ou seja, pelo autoconhecimento. Já dizia o grande filósofo grego, Sócrates "Conhece-te a ti mesmo".

O 1º pilar para uma aposentadoria bem-sucedida remete-nos ao **conhecimento** do mercado de trabalho, no qual estou inserido; na conjuntura nacional e internacional, no qual esse mercado está inserido. Manter-se atualizado ajuda muito na questão dos relacionamentos sociais e comerciais, ajuda a "abrir portas", estimula a criatividade e criar oportunidades. Quanto mais aprofundarmos nesse pilar, principalmente na busca do autoconhecimento, mais entramos em contato com a nossa essência. Essa viagem pelo autoconhecimento capacita-nos para as decisões mais assertivas em direção aos demais pilares.

4.1.1 Autoconhecimento

> *Nós temos papéis na sociedade e tentamos viver as partes que gostaríamos que fossem reais, principalmente aquelas que exploramos na adolescência. Roupas e maquiagens algumas vezes podem ser convincentes, mas ao longo prazo ter um sentimento genuíno de quem nós somos é o que nos mantêm com os pés no chão e nossas cabeças erguidas a tal ponto que possamos ver onde estamos, o que somos e o que sustentamos*
>
> (Erik Erikson)

O autoconhecimento é um processo contínuo, independente da idade, ao longo da nossa vida. O nosso diálogo interno acontece o tempo todo, todos os dias e é interessante que seja de uma forma positiva e amigável para que nos sintamos mais confiantes nas nossas escolhas e decisões.

Compreender a importância do autoconhecimento para conduzir o seu autodesenvolvimento e manter uma autoestima elevada é crucial, principalmente para poder construir relações saudáveis com as outras pessoas e com o mundo em que vivemos.

Diante da importância da ruptura com o mundo corporativo como consequência da aposentadoria, cada um precisa aprender a recriar uma nova identidade, apoiando-se nos valores que reconhece na sua personalidade e não mais no status ou sobre a imagem social que antes lhe era atribuída pelo trabalho.

Conhecer a si próprio não é algo trivial, é uma interminável pesquisa, onde o indivíduo tem muito a ganhar com o exercício do autoconhecimento. É fazer contato com os próprios sentimentos. Quando o indivíduo ainda não se conhece acaba agindo da forma como os outros querem e não como ele pode, deve ou quer agir (TRANJAN, 1997), ou seja, o autoconhecimento torna-se essencial no tocante definição da própria identidade.

Investir em autoconhecimento é buscar conhecer-se melhor bem como as suas emoções. O autoconhecimento emocional é o conhecimento adquirido de si mesmo e de seus sentimentos. É uma competência fundamental para que a pessoa tenha autoconfiança.

A aposentadoria é um momento para se buscar novos desafios, começando pelo autoconhecimento que favorecerá a assertividade nas suas escolhas, no seu desenvolvimento pessoal contínuo e na sua autorrealização. Nessa fase do processo de transição, o autoconhecimento possibilita a você fazer uma profunda viagem ao seu interior e ajudará, de forma mais clara, mais confiante e mais assertiva, nas escolhas e tomadas de decisão.

Segundo Peter Drucker (2001), pai da administração moderna, é necessário que cada um identifique quais as forças, o que se pode aprender, quais os defeitos, o que se pode melhorar, a qual lugar pertence, o quanto vale. As respostas a essas indagações são a base para o autogerenciamento, o alicerce para o indivíduo gerenciar a si mesmo rumo à segunda metade da vida.

O autoconhecimento em muito vai ajudar ao pré-aposentado a construir o seu projeto de vida pós- carreira. Saber quem é você, fora do ambiente corporativo, quais os seus valores, crenças, a sua missão de vida, a bagagem profissional e cultural, suas atitudes etc., para viabilizar a construção do seu projeto. Isso gera autoconfiança e reduz as chances de baixa autoestima, o que é comum na fase da pré-aposentadoria e proporcional ao cargo ocupado.

Por que será que algumas pessoas têm um comportamento de confiança e estabilidade emocional diante de situações desafiadoras enquanto outras ficam perdidas e desesperadas diante das mesmas situações?

O grande diferencial que faz com que cada pessoa tenha controle sobre suas emoções é o autoconhecimento. O autoconhecimento possibilita o mapeamento das suas potencialidades e das suas fragilidades. Vai identificar quais pontos você precisa potencializar e quais pontos precisa desenvolver. Isto vai gerar confiança para as suas escolhas e decisões.

Autoconhecimento é uma viagem profunda ao nosso interior, que nos traz a compreensão do por que e como reagimos a uma determinada situação, tornando-nos capazes de fazer escolhas mais conscientes, que nos conduzirão a uma satisfação e sentido de vida cada vez mais significativo.

Quanto maior o autoconhecimento, mais nos aproximamos da nossa essência e entramos em contato com o melhor de nós mesmos, gerando um maior domínio nas situações difíceis e desafiadoras.

Os benefícios para quem possui o autoconhecimento são muitos. Além daqueles já citados até aqui:

- melhora a autoestima a partir da consciência de suas qualidades;

- desenvolve melhora nos relacionamentos;

- melhora a sua postura diante da vida, que nos levará a uma satisfação e sentido de vida cada vez mais significativo;

- maior adaptação aos processos de mudança com adoção de estratégias para lidar, evitar, minimizar e sobreviver a essas situações, entre outros.

4.2 GESTÃO FINANCEIRA

O planejamento para esse aspecto da aposentadoria deve acontecer com bastante antecedência, para que possa viabilizar uma poupança financeira construída com tranquilidade.

A maioria das pessoas acredita que o planejamento da aposentadoria limita-se ao aspecto financeiro. As pessoas passam anos planejando, executando e acompanhando seus investimentos, confiante de que estão preparadas para a vida pós-carreira.

Tão importante quanto assegurar recursos financeiros é preparar-se para viver uma vida ativa e, se puder, ser produtiva na aposentadoria. Por que não? E esse processo deve começar muito antes do desligamento da organização.

Entre os aspectos negativos da aposentadoria está a questão das finanças. Na maioria dos casos existe decréscimo nos ganhos. Além da redução no seu salário, por conta dos ganhos indiretos, como auxílio alimentação, auxílio transporte, e quando de trata de executivos eles perdem também auxílio moradia, ajuda de custo para combustíveis, representações e outros benefícios.

A insegurança financeira ocasionada pela falta de Poupança durante a fase ativa e a necessidade de custear os estudos dos filhos para a sua formação profissional, contribuem para que os profissionais seniores permaneçam no mercado de trabalho, o que também apresenta o seu lado positivo. Há que se considerar a realidade dos profissionais brasileiros, na qual a maioria dos aposentados não consegue sustentar as suas necessidades de manutenção e dos seus dependentes, principalmente quando cabe ao aposentado o papel de mantenedor do grupo familiar.

4.2.1 Educação Financeira

Um aspecto importante a ser considerado no contexto Financeiro é a Educação financeira. Tão importante quanto receber o salário é saber como gastar e comprometer seus rendimentos. Algumas perguntas básicas para reflexão:

- Como administro meus bens e dinheiro?

- Controlo o meu orçamento de forma positiva?
- Controlo minhas principais receitas e despesas?
- Preciso ou quero trabalhar para complementar a minha renda?

Sugiro que você escreva e responda essas perguntas de forma sincera e honesta consigo mesmo. Com certeza, esse procedimento será uma excelente referencia para o controle e gerenciamento das suas finanças!

O princípio da educação financeira é: saber como ganhar, gastar, poupar e investir seu dinheiro para melhorar a sua qualidade de vida.

Uma das perdas materiais mais significativas na transição para a aposentadoria é a de ordem financeira. Muitos profissionais postergam a data da aposentadoria para assegurar o pagamento da suas despesas mensais e manter padrão de vida da família. Entender e colocar em prática as orientações da educação financeira é o caminho para equilibrar o seu orçamento financeiro.

A falta de acompanhamento, controle e disciplina com as finanças cria uma situação de insegurança e riscos. Quem conseguir direcionar e controlar a própria situação financeira vai se sentir seguro e tranquilo, com mais conforto e menos riscos de ficar endividado.

Veja como está o seu controle sobre suas finanças! A falta de controle é o primeiro sinal de alerta de que as coisas podem não está se comportando tão bem quanto você imagina, pois muitas vezes é mais fácil deixar a coisa correr e fechar os olhos diante de uma situação do que encarar a realidade de frente e encontrar soluções.

E, quando o pior acontece, normalmente é mais cômodo culpar fatores externos do que buscar medidas para corrigir os desvios.

Além de bancar os gastos com produtos básicos e de primeira necessidade, o consumismo e a mídia nos move para as nossas compras por impulsos.

Quando colocamos na ponta do lápis os custos desses impulsos, a gente tem a noção exata do quanto é possível poupar e fazer um investimento em algo mais produtivo e rentável.

É realmente necessário muita disciplina para com os nossos gastos e muita atenção e cautela para os nossos investimentos.

Nem tudo que nos é oferecido é realmente vantajoso. Ao lidar com dinheiro o bom é ficar atento para as eventuais armadilhas que poderão provocar um colapso nas finanças pessoais. Portanto, valorize o seu salário. Valorize cada Real conquistado. Essa consciência é mais presente quando dinheiro que recebemos é fruto de um esforço.

O caminho é elaborar um Orçamento financeiro e ter disciplina nos nossos gastos.

Convidamos você acompanhar, na sequência, a montagem do mapa, como modelo, que ajudará a despertar o hábito de planejar as suas finanças, fazer uma reserva para o futuro e melhorar a sua qualidade de vida.

Um bom orçamento familiar é o primeiro passo no processo da educação financeira. Aproveitar as oscilações da conjuntura política e econômica para promover o equilíbrio e controle das suas finanças gerando a satisfação pessoal na viabilização do seu projeto de vida.

Nunca as famílias brasileiras estiveram tão endividadas! Por n motivos: desde a compra da casa própria, estudo e assistência médica para os filhos e muitas vezes dos netos também. O segredo da boa educação financeira está no equilíbrio, em direcionar os recursos para equilibrar as contas e gerar reservas. A disciplina nas aquisições de bens e serviços para gerar uma poupança são decisões inteligentes para quem deseja realizar planos futuros e viver livre de preocupações.

E você deve está pensando! A essa altura da minha vida ainda vou controlar o meu dinheiro? Com certeza é necessário e nós sabemos disso. No entanto não precisa deixar de viver para esse objetivo, é só ponderar nos gastos.

Antes de realizar qualquer gasto pergunte para si mesmo: isso realmente é necessário nesse momento? Ou é apenas um desejo? Seja um administrador das suas finanças, aprenda a gastar bem o recurso que possui. Para as mulheres, que geralmente "namoram as vitrines" mais que os homens, a dica é: namorem, mas não comprem de imediato, ou seja, por impulso. Vai para casa e pergunte se você realmente precisa daquela peça, daquele sapato, daquela bolsa! Muitas vezes, você nem volta mais naquela loja. Se você já sabia até de onde sairia o dinheiro para fazer a tal compra, que tal colocá-lo na poupança? É legal você está se creditando quando você conseguiu vencer ao impulso. Essa atitude ajuda a criar o hábito.

Entenda as suas necessidades essenciais, elabore um controle que permita visualizar seus gastos e do quanto você recebe para sustentá-los, ou seja, de onde vem o dinheiro para bancar esses gastos. Esse controle é chamado de **orçamento financeiro**.

4.2.2 Mapa de controle orçamentário

Faça um levantamento da sua condição atual, monte um mapa relacionando as receitas recebe fixo ou que recebe com frequência, e todas as obrigações/despesas. Vamos tentar? Mãos à obra e foco!

1º passo: Definir os seus principais custos fixos mensais (aqueles que fazem parte do seu dia-a-dia) e coloque no mapa.

Coloque no mapa, também, os gastos esporádicos em uma estimativa mensal, colocando valores médios que você gasta com vestuário, medicamentos, lazer etc.

Tabela 1 – Modelo de mapa de controle orçamentário

Custos fixos mensais	Custos variáveis e esporádicos
Água	Lazer
Luz	Cuidados pessoais
Telefone	Vestuário
Alimentação	Veículo
Transporte	

Fonte: elaborada pela autora

2º passo: relacione as entradas de recursos (a renda total da família num determinado espaço de tempo) com as suas obrigações/saídas no período.

Veja a somatória das suas receitas e compare com os seus gastos/obrigações e tente encontrar um ponto de equilíbrio.

Faça as operações e, se ao final descobrir que elas não fecham, ou seja, que suas obrigações/saídas apresentam um valor superior ao volume de entrada de recursos/renda, refaça e tente adicionar mais receita no orçamento doméstico. Se você perceber que não fecha, e que não tem como incluir mais renda, tente reduzir os gastos.

Por fim, observe se não há possibilidade de redução ou, mesmo, eliminação de alguns gastos que não interferem na rotina básica da família.

RENDA: some todas as receitas recebidas pela família num espaço de tempo. Exemplo: salário, pensão, bolsa-família. DESPESA: some todas as dívidas e os gastos realizados pela família num determinado período. Exemplos: alimentação, aluguel, prestações, mensalidade escolar. Utilize o mapa a seguir como modelo para elaborar o seu próprio controle.

Tabela 2 – Modelo de mapa de controle orçamentário – receitas

Renda familiar – entradas r$	R$
Salário de	
Salário de	
Outras receitas	
Soma das receitas (a)	

Fonte: elaborada pela autora

Tabela 3 – Modelo de mapa de controle orçamentário – despesas

Despesas – saídas	
Moradia	R$
Transporte	R$
Alimentação	R$
Vestuário	R$
Saúde	R$
Educação	R$
Cuidados pessoais	R$
Lazer	R$
Despesas financeiras	R$
Soma das despesas-saídas (b)	R$

Resultado do mês: a-b	R$

Fonte: elaborada pela autora

4.3 SAÚDE SOB CONTROLE

Entendemos que a saúde é um dos principais pilares da aposentadoria Ativa Bem Sucedida. Antes mesmo que chegue a aposentadoria, o controle da saúde deveria ser uma prioridade do trabalhador que teria uma melhor qualidade de vida pessoal e profissional. A empresa deveria incentivar os seus colaboradores a fazer seus exames periódicos, zelando pelo seu bem-estar e contribuindo para uma saúde estável na sua aposentadoria. Com essa iniciativa, ela poderia contar sempre com o funcionário, reduzindo o índice de faltas por doença e, consequentemente, obtendo uma maior produtividade.

Outro ganho para a instituição seria com relação ao clima organizacional com a satisfação dos colaboradores por se sentirem "cuidados" pela sua organização.

A aposentadoria também pode influenciar a saúde daqueles que se aposentarão, sendo considerada um dos fatores de risco nessa fase da vida. Os estudiosos indicam que a ansiedade pode ser mais evidente entre aqueles que estão mais próximos à aposentadoria. Revelaram que o motivo do estresse nessa fase de transição não está ligado aos aspectos da personalidade, e sim à baixa expectativa diante da aposentadoria.

A saúde vai além do bem-estar do corpo. Abrange a pessoa como um todo: psique-alma, o intangível – e faculdades não materiais que fundamentam o que se conhece por "personalidade" que determina as suas atitudes. Inteligência, memória, motivação, ritmo de vida, interesses e atrações se entrelaçam com o corpo material para formar a individualidade de cada pessoa. O comportamento psíquico determina como vai ser o seu olhar sobre a aposentadoria: focando os aspectos positivos ou negativos.

A chave para essa nova organização interior, é principalmente aprender sobre aposentadoria e suas nuances. Substituir e criar novos papéis. Rever e reavaliar seu propósito de vida para o pós-carreira. Se reinventar para viver em plenitude essa nova realidade

Significa escolher e incluir na sua vida, atividades prazerosas, que agreguem valor e que lhe traga uma realização pessoal. Ampliar a sua rede de relacionamentos, manter a saúde sob controle, estar aberto à aprendizagem continuada e sociabilizar a sua *expertise* e seus conhecimentos.

4.3.1 Qualidade de vida

"Qualidade de Vida na terceira Idade pode ser definida como a manutenção da saúde, em seu maior nível possível, em todos os aspectos da vida humana: físico, social, psíquico e espiritual". [9]

Qualidade de vida é mais do que ter boa saúde física ou mental, é estar satisfeito e feliz com várias áreas de sua vida, como diversão e recreação, dinheiro, carreira, desenvolvimento pessoal, relacionamentos, vida afetiva, vida social ativa entre outros. Ser competente na gestão da própria saúde e estilo de vida deve ser parte da prioridade de todo cidadão, principalmente na aposentadoria.

Estudos e pesquisas feitas em diversos países mostraram que os aposentados que procuram levar uma vida ativa, que assumem o compromisso de nunca ficar parados lamentando-se, mas sim tomando atitudes e agindo como parte importante dos acontecimentos sociais, políticos, artísticos, esportivos, religiosos e culturais têm muito mais alegria de viver, conseguem manter uma boa qualidade de vida, ao contrário daqueles que param diante da aposentadoria, nada fazendo para ocupar o seu tempo ocioso.

Para Lopes (2000), o trabalho é um dos fatores mais significativos na conquista e manutenção da qualidade de vida para os seres humanos. Quando associados à ideia de satisfação e realização pessoal, amplia as possibilidades de uma sobrevida saudável e digna e, preserva, sobretudo, o papel social do indivíduo no meio em que ele se encontra inserido.

---

[9] Organização Mundial da Saúde. **Qualidade de Vida na Terceira Idade**. Disponível em: https://www.cadadia.net/qualidade-de-vida-na-terceira-idade/. Acesso em: 08 fev. 2020.

A continuidade da atividade laboral do aposentado além de contribuir para uma melhor qualidade de vida, minimiza os impactos das perdas presentes nessa etapa da vida inclusive as de ordem financeira que reduz a capacidade de consumo, dificultando ainda mais uma nova realidade do idoso que é também a de provedor de suas famílias e agregados.

A religião também tem sido um fator de adaptação para o idoso, gerando bem-estar espiritual e consequentemente bem-estar psicológico e auto regulação (equilíbrio mental). (PAPALIA; OLDS, 2000).

Uma dica muito importante para o aposentado é aprender dizer "não" para as inúmeras solicitações de sua presença (do seu tempo) e do seu dinheiro por familiares e pseudo amigos! Sabe-se de inúmeros casos em que o aposentado é convidado a participar da rotina de outras pessoas de casa "já que ele está aposentado e com bastante tempo disponível". Outras situações em que o aposentado é solicitado a emprestar o nome para pegar "os famosos empréstimos consignados para idosos". Evitem e fujam dessas questões. É uma situação delicada e perigosa pois passa a comprometer o salário e o tempo do aposentado, a princípio de uma forma sutil. Pode ser que existam casos em que você escolhe de livre e espontânea vontade essas situações. Então, é claro que você já se planejou para isso e, nesse caso, as consequências já estão previstas. Não é o caso de aprender a dizer não, porque o sim já foi "permitido".

Essa é uma fase para você ficar tranquilo e sem estresse de qualquer natureza, por isso, falamos tanto na necessidade e a importância de uma preparação para a aposentadoria, em que o ideal é que os parceiros ou cônjuges pudessem participar, acompanhar e entender esse processo.

4.4 REDE DE RELACIONAMENTOS

Os relacionamentos são importantes para o desenvolvimento psicossocial do aposentado, inclusive a família. Essa última tem um papel determinante na forma de como o aposentado vai viver essa nova fase da sua vida.

Ao chegar à aposentadoria, mais importante do que ter recursos financeiros para aproveitar a melhor fase da vida, é mudar a rotina e as atividades para construir um novo círculo de amigos, novos hábitos e papéis sociais.

A falta de equilíbrio entre o tempo dedicado ao trabalho e o tempo reservado à vida pessoal e familiar pode resultar na aposentadoria em certa dificuldade na readaptação ao retorno à família, especialmente no início dessa nova fase. É preciso reaprender e reinventar-se com criatividade para conquistar o seu espaço e reintegrar-se à rotina da família. Procure demonstrar interesse pelo que acontece ao seu redor. Sempre é bom lembrar que eles (a família) não estão mais acostumados à sua presença, em casa, por tanto tempo! Adaptações e concessões serão necessários para um convívio duradouro e harmonioso.

É fundamental que o pré-aposentado tenha um tempo prévio para conviver mais com eles. Se preparar com bastante antecedência, principalmente os nossos aposentáveis do sexo masculino, pois as mulheres sempre têm mais atividades dentro de casa, protegendo-se, dessa forma, de eventuais possibilidades de uma síndrome de solidão, angústia ou mesmo uma depressão, pela mudança de hábitos e a falta do ambiente corporativo.

A mulher tem um papel importantíssimo no processo de transição para a aposentadoria do marido, promovendo os contatos com os amigos e eventos sociais. Fazendo acontecer os encontros com outros casais amigos, participando de cursos de casais, nos quais, por meio de informações e dinâmicas de grupo, tomam consciência do ajuste mútuo de papéis que implica uma aposentadoria com êxito.

Recomenda-se que, nos programas de preparação para a aposentadoria, seja viabilizada a participação do cônjuge nas oficinas e workshops com os aposentáveis, visando ao apoio e comprometimento com o êxito do projeto de vida pós-carreira.

4.5 COMPETÊNCIAS (CONHECIMENTO, HABILIDADE E ATITUDE)

Quando você aposenta-se, o seu conhecimento faz parte da sua bagagem profissional e intelectual. Elas possibilitarão você prosseguir caminhando na sua jornada profissional, dessa vez, trabalhando naquilo que você gosta e no horário e local que você escolher, observando sempre, nesse 2º tempo da sua vida, reservar horário para suas atividades pessoais, culturais e de lazer.

Na sociedade do conhecimento a tendência é que um número maior de profissionais permaneçam ativos, por ocasião da aposentadoria, e não abandonem as suas carreiras.Com uma nova visão do mundo corporativo e um novo modelo mental, ao atingir a maturidade ,certamente encontrarão outras formas de entregar suas habilidades e competências.

A identificação e listagem das suas competências é muito importante para a construção do projeto de vida pós-carreira.

O primeiro passo é identificar as suas competências é mapear as suas áreas de interesse.

Pense nas coisas que você gosta e sabe fazer bem. Reflita um pouco e crie uma lista de suas habilidades tanto as adquiridas por meio de treinamentos ou experiências como aquelas que considere um dom natural (organização, iniciativa etc.). Inclua suas qualidades intangíveis, como persistência e determinação etc. Não limite a lista, inclua mesmos as características que você não mencionaria numa entrevista de emprego, como senso de humor, por exemplo.

O segundo passo é como fazê-lo!

Existem várias maneiras pelas quais você pode fazer uso da sua experiência e talento (*expertise*):

Consultoria

Você pode otimizar sua experiência, contatos e recursos profissionais por meio de uma carreira como consultor.

Consultoria é um serviço que visa a auxiliar uma pessoa ou empresa em determinada situação por meio de opinião especializada.

O apoio especializado para a definição e resolução de um problema minimiza as chances de falha em uma solução, dado a experiência (teórica e/ou prática) do consultor ou consultoria envolvida. Considerando o mercado cada dia mais concorrido, a minimização de falhas é uma grande vantagem competitiva. Mas é importante ressaltar que o serviço de consultoria não é importante apenas para apoiar soluções de problemas: o apoio de consultorias pode ser essencial para melhorar processos, melhorar atividades e, justamente, evitar que problemas aconteçam.

Mentoria

O *mentoring* é uma ferramenta de desenvolvimento profissional e consiste em uma pessoa experiente ajudar outra menos experiente. O mentoring é uma prática voltada à figura do mentor e de seu cliente, geralmente, alguém que está iniciando a carreira no posto de executivo. O mentor é um conselheiro que tem vasta experiência corporativa em diversos segmentos, com seu olhar visionário e experiente, auxilia seu cliente a administrar com êxito seus propósitos. O processo de mentoring é de compartilhamento de conhecimento do mentor, que procurará auxiliar nas áreas em que o executivo precisa de suporte, possibilitando, dessa maneira, o aprendizado e o desenvolvimento na carreira do profissional mais jovem.

A relação entre o mentor e o cliente é de dependência e aprendizagem, pois o cliente precisa absorver as informações fundamentado em sua realidade. A transmissão de conhecimento entre as gerações, contribui para o desenvolvimento dos profissionais em relação ao futuro. A duração deste processo é determinada pelas variáveis envolvidas no mesmo.

Coaching

A sua experiência profissional aliada à sua experiência de vida e ao domínio de técnicas efetivas de *coaching*, por meio de uma formação adequada e de referência, podem dar origem a uma nova carreira, seja trabalhando como *coach* corporativo junto a empresas ou diretamente com os profissionais como *coach* pessoal.

O *coaching* é um processo que tem princípio, meio e fim e que busca a autonomia do indivíduo. O *coach*, diferentemente do mentor, não oferece respostas, mas incentiva o *coachee* (cliente) a encontrá-las. O processo de *coaching*, baseado em validações científicas, leva ao autoconhecimento e à descoberta das próprias soluções.

No capítulo 5, você terá mais informações sobre o processo de *coaching*.

Projetos temporários

Os projetos de curta duração oferecem desafios e diversidade na medida certa, ao mesmo tempo em que permite conciliar a sua disponibilidade pessoal de tempo.

Para os profissionais, a aquisição de experiência, o aprimoramento da rede de contatos (networking), a flexibilidade e a troca de conteúdo com outros colaboradores estão entre as principais vantagens do trabalho por projetos.

Empreendedorismo (negócio próprio)

Uma das alternativas escolhida pelos aposentáveis para o seu projeto de vida pós-carreira é o empreendedorismo. É uma oportunidade para iniciar seu próprio negócio. Nem todo mundo tem o perfil para ser empresário, mas, se esta for a sua opção, o primeiro passo é buscar todas as informações sobre a área de atuação e o produto a ser lançado no mercado e, principalmente, a formação necessária para ser um empreendedor. Elabore um plano de negócios e busque um profissional (*coach*, mentor, consultor) que lhe dê um suporte adequado antes de investir suas finanças em algo que é novo para você.

Para empreender, não basta você gostar e achar bonito determinado produto. Além de uma capacitação técnica adequada, é necessária a construção do novo empreendedor, do novo empresário com competências, atitudes e comportamentos condizente com o seu novo status.

Algumas características do empreendedor:

- Tem iniciativa, autonomia, autoconfiança, otimismo e necessidade de realização.

- Tem perseverança e tenacidade; habilidade para trabalhar sob pressão.

- Tem grande energia; sabe fixar metas e alcançá-las;
- Tem forte intuição; tem facilidade de estabelecer relacionamentos e fazer parcerias.
- Tem liderança, é orientado para resultados;
- Habilidade de transformar seus pensamentos em ações;
- Capacidade de assumir riscos calculados.
- Sabe aproveitar as oportunidades;
- Capacidade de organização e tomada de decisões;
- Tem talento e autonomia.

Participação em Conselhos

As empresas, fundações, associações, sindicatos e organizações similares acolhem muito bem os aposentados em seus conselhos de administração ou outro tipo de conselho, principalmente os executivos, por se tratar de pessoas com mais experiência e com *expertise* ou especialidade em alguma área. É uma forma de atualizar os seus conhecimentos, manter um *networking* e também uma oportunidade de aprendizagem e status.

A participação dos profissionais seniores nestas instituições é de grande valor porque já passaram por diferentes experiências profissionais e por isso conseguem oferecer soluções com garantias mais assertivas.

Voluntariado

Suas opções para uma atividade não precisa ser necessariamente remunerada. Se você está em busca de realização pessoal e pode abrir mão de uma fonte de receita, o trabalho voluntário pode ser uma forma maravilhosa de colocar sua experiência a serviço de uma causa social. Além disso, considere que o voluntariado é também uma forma de adquirir novas habilidades ou desenvolver as que você já possui.

Atividade voluntária é aquela que se realiza com a doação do próprio tempo e sem nenhum tipo de remuneração. As pessoas se reúnem em torno de uma causa social ou várias causas sociais.

As ações desenvolvidas pelo voluntariado são sempre para atender uma necessidade de alguém e à comunidade. Existem muitos espaços na sociedade que precisam da participação do serviço voluntário.

Segundo Moragas (2009), encontramos barreira ao trabalho voluntário em populações latinas, onde o serviço à comunidade não é muito compreendido. Infelizmente, o volume de adesão ao trabalho voluntário entre os aposentados ainda deixa a desejar. Algumas pessoas acham que já trabalharam a vida inteira e que agora não existiria espaço e nem motivos para ela fazer serviços graciosos para a comunidade.

A variedade de tarefas que as pessoas podem desempenhar em atividades comunitárias depende de sua formação prévia e interesses.

Docência

O conhecimento e a experiência que você adquiriu na sua área profissional podem ser explorados e atualizados na área do ensino como forma de transferir conhecimentos para as novas gerações. Escolas técnicas e universidades seria um campo que poderia ser visitado.

4.6 EDUCAÇÃO PERMANENTE

> *A sabedoria não é mais vista como estado de pleno conhecimento, sem mais nada para aprender. É enxergada como uma ferramenta que deixa as pessoas mais aptas para aprender.*
>
> (Barroso)

A educação é um processo contínuo na nossa vida e um canal de desenvolvimento e empoderamento pessoal. A aposentadoria traz-nos uma oportunidade de retorno ao ambiente de aprendizagem, por meio das Universidades da terceira idade. São universidades livres voltadas para a terceira idade com mais de 50 anos, com um programa de construção do conhecimento para o desenvolvimento da qualidade de vida e da saúde. Trata-se de um programa de conhecimento, informações, oficinas, cultura, ações sociais, entre outros, sendo também uma oportunidade para fazer novas amizades e também abrir portas para novas oportunidades para inclusão do idoso na sociedade e no mercado de trabalho.

Outra opção é fazer aquele curso ou aquela pós-graduação que você queria fazer e não tinha tempo. Sempre é tempo para aprender! A sede de conhecimento não tem idade, pois é próprio da mente humana querer descobrir, criar, inventar.

Uma das vantagens da aprendizagem na maturidade é que você pode escolher a área que você tem mais afinidade e que lhe traga maiores benefícios e realização.

Hoje existe uma oferta grande de vários cursos, encontros, grupos que oferecem um grande leque de informações. Atualmente com a facilidade do ensino virtual e à distância, as oportunidades aumentaram. A busca de aprimoramento permanente é um caminho que traz muitos benefícios para os aposentados, como aqueles já citados e também possibilitando a convivência intergerações.

Segundo pesquisadores, o hábito de estudar traz vantagens para o resto da vida, refletindo inclusive na saúde. Quem ocupa o seu tempo com o estudo e participa de outras atividades ou trabalha tem menos tempo de adoecer.

Jordão Neto (1998, p. 41) afirma que:

> [...] a criação das universidades representou uma oportunidade sem igual para fazer os idosos se reencontrarem, redescobrindo o seu potencial, e se perceberem como seres humanos que podiam e deviam se valorizar como cidadãos ativos e participantes; recuperando assim sua autoestima; resgatando sua autoimagem e mostrando aos familiares e à sociedade sua capacidade de pensar e de agir por si mesmos; sobretudo, de ir à luta pelos seus direitos e pela conquista de seu legítimo espaço social.

Conforme pesquisa de Veras e Caldas (2004), a inserção do idoso em universidades vem difundindo-se e representa uma nova forma de promover a saúde da pessoa que envelhece, por meio da ação multidisciplinar comprometida com a inserção do idoso como cidadão ativo na sociedade.

A aprendizagem deve ser um processo permanente em nossa vida, principalmente para os aposentados que optarem por se afastar atividades laborais, com ou sem remuneração.

Na educação permanente, em que se incluem as Universidades Livres da 3ª Idade, são oferecidas atividades que vão desde atividades esportivas até conteúdos culturais, como teatro, etiqueta e eventos sociais, que favorecem um maior grau de interação e troca interpessoal nos relacionamentos, além do acesso a conteúdos de ordem informativa, deixando os participantes atualizados.

Todo esse conteúdo oferecido pelas Universidades Livres da Terceira Idade tem uma contribuição bastante positiva na vida dos aposentados.

Outras razões para continuar estudando:

- Autonomia para assumir o controle da própria vida;
- Aumentar a autoconfiança;
- Saber o que diz. Ter embasamento para discutir diversos assuntos, inclusive defender os direitos da sua classe;
- Estar aberto às oportunidades na vida;
- Cultivar hábitos de vida saudáveis;
- Desenvolver habilidade de superação diante das dificuldades.

4.7 PROJETO DE VIDA PÓS-CARREIRA

Cada um de nós compõe a sua história. Cada ser em si carrega o dom de ser capaz. De ser feliz

(Almir Sater)

Um projeto de vida é um plano em que desenhamos o futuro que queremos.

É importante procurar encontrar nesse plano o equilíbrio entre o que desejamos(situação ideal), e os recursos que temos para fazer acontecer a situação desejada (situação real).

Para elaborar um projeto de vida, é imprescindível estabelecer objetivos, metas, e o plano de ação a ser tomado a curto, médio e longo prazo para alcançá-los.

O projeto de vida deve envolver as principais áreas da nossa vida: família, finanças, saúde, relacionamentos (social, afetivo e familiar), emocional, intelectual, lazer, espiritualidade. Trata-se de uma ferramenta que, se bem utilizada, pode proporcionar-nos a realização plena das nossas metas, incluindo, se necessário, mudança de hábitos e comportamentos e o nosso modelo mental.

Todos esses aspectos são contemplados também na roda da vida, ferramenta geralmente utilizada nos processos de *coaching* e que nos dão uma visão global de como está a vida do *coachee* no início do seu processo.

Elaborar o projeto de vida por escrito é fundamental, pois permite elaborar o plano de ação, estabelecer um cronograma de atividades, fazer o acompanhamento e ajustes das atividades e obter a motivação necessária para agir e caminhar na direção certa. Vide formulário em anexo.

O autoconhecimento em muito vai contribuir na elaboração do projeto de vida, pois ele possibilita uma maior clareza do propósito de vida, a partir da sua identidade, para a construção dos objetivos.

Como identificar o meu propósito de vida? Responda com sinceridade as perguntas a seguir:

- Por que eu estou neste mundo?

- Que legado eu quero deixar?

- O que faz você mais feliz na sua vida? O que o anima?

- O que você faz com que você se sinta invencível?

- O que faz outras pessoas serem gratas a você?

- O que você é absurdamente bom em fazer? Quais são seus dons mais valiosos?(esta é a sua *expertise*).

- Quem é uma referência para você? Quem são seus mentores? Quem o inspira? Por quê?

- O que você faria se soubesse que não existe a possibilidade de falha?

- Que assuntos você se vê constantemente discutindo ou defendendo seu ponto de vista com outras pessoas? Que pensamentos internos esse seus posicionamento representam?

- Se você confiasse que a sua arte (sua *expertise*) fosse capaz de sustentá-lo, como você iria viver?

- O que os seus amigos sempre falam que você faria bem, que você deveria trabalhar com isso (ex.: "ele seria um excelente")? Se você não se lembra, então, vá perguntar a pelo menos cinco deles.

As respostas a algumas perguntas, a seguir, vão auxiliar a encontrar a sua identidade:

- Quem é você?

- Quais os seus valores?

- Quais são as suas crenças?

- Quais suas capacidades, limitações, interesses e desejos?

- Qual a sua *expertise*?

- O que você julga importante?

- Quais são as suas expectativas e seus objetivos?

A síntese desses aspectos constitui a sua identidade e, por isso mesmo, deve ter coerência com suas crenças e valores.

Então, a responsabilidade pela elaboração de seu projeto de vida é sua! Não pode ser delegada a mais ninguém. No entanto, é de fundamental importância a ajuda de profissionais especialistas que coordenam o Programa de Preparação para a Aposentadoria – PPA ou um *coach* de aposentadoria.

4.7.1 Programa de Preparação para Aposentadoria

O Programa de Preparação para Aposentadoria – PPA é um treinamento oferecido pelas empresas aos seus colaboradores, como uma ação de cidadania e responsabilidade social, em reconhecimento à dedicação de seus funcionários, no momento em que completa seu "tempo legal", de contribuição e dedicação à instituição. Constitui um benefício para o trabalhador e também para a empresa. Quando a instituição se preocupa com esse tema, principalmente quando antecipa o diálogo sobre o mesmo, a cultura organizacional torna-se mais consistente, criando condições para que o trabalhador realize seu planejamento e prepare-se, de forma adequada para as mudanças que surgirão com a aposentadoria.

Muitas vezes, quando a Instituição não tem o PPA como um programa regulamentar interno para os seus aposentáveis, o próprio colaborador tem a iniciativa de fazê-lo em outras instituições especializadas, de forma individualizada e autônoma, obtendo excelentes resultados.

O PPA é um programa que tem como objetivo refletir sobre a continuidade da vida após o tempo regulamentar de trabalho. Dar suporte que levem o participante a resgatar a sua identidade, valores, sonhos e projetos que ficaram pendentes por falta de tempo esperando o momento oportuno para realizá-los e prepará-los para novos projetos de vida.

O programa oferece oportunidade para reflexão de temas muito importantes para a nova fase:

1. Resgatar sua identidade. Ressignificar a visão, missão de vida.

2. Preparar o aposentável para as mudanças internas e externas, e ajustes necessários nessa nova etapa de sua vida, que terão grande influência na organização psíquica.

3. Identificar e despertar e desenvolver seu Potencial Empreendedor

4. Elaborar o seu projeto de vida futura

Com uma programação e metodologia específica, ao final do seminário que varia de dois a cinco dias, dependendo da empresa responsável pelo programa, o aposentável será capaz de atingir os objetivos para fazer uma transição para a aposentadoria, com segurança e tranquilidade.

Outra opção para a Preparação para a aposentadoria, com bastante eficácia é o processo individual de *coaching* para a aposentadoria, do qual falaremos no próximo capítulo.

Todos os pilares: gestão financeira; conhecimento; saúde sob controle; competências; educação contínua; relacionamentos e projeto de vida são importantes e quando considerado em conjunto eles se fortalecem e se empoderam. O ideal é que você mantenha um bom nível de satisfação em cada uma dessas áreas, de forma harmoniosa para um êxito previsível. Por exemplo: de que adiantaria ter uma poupança consistente (que consta no aspecto de finanças, da roda da vida) para passar o resto da vida sem precisar de renda suplementar, se você não tiver saúde? Então, você passou a vida construindo um patrimônio que depois você não pode usufruir e vai gastar o seu dinheiro somente com remédios, exames, médicos, hospitais?

De que adianta você ter saúde e dinheiro, mas não tem amigos ou familiares para compartilhar a sua felicidade? O pilar da gestão financeira tem sua importância para você poder ter uma renda que dará tranquilidade. Não importa se a sua aposentadoria e pequena, média ou grande em relação ao valor que você recebia na ativa. Você teve bastante tempo para planejar esse aspecto. Não é mesmo?

O pilar do conhecimento/autoconhecimento: estamos aprendendo a cada dia, com as pessoas com as quais convivemos; com as mídias sociais; com os jornais e, dessa forma, nos relacionamos melhor com as pessoas e aproveitamos melhor as oportunidades!

O conhecimento é um dos aspectos importante na vida do aposentado, pois lhe dá condições de saber, entender e defender os direitos da sua classe, por meio da filiação aos sindicatos e associações.

O autoconhecimento é fundamental para lhe dar sabedoria, clareza, autoconfiança, autonomia e assertividade para as suas escolhas, decisões e atitudes na transição para a aposentadoria, em geral caracterizada por dúvidas e incertezas.

Na difícil viagem do autoconhecimento a pessoa vai melhorando o seu diálogo interno, as negociações consigo mesma, vai descobrindo e fortalecendo suas habilidades e competências e vai se empoderando com a sua autoestima elevada e autoconfiança nas suas atitudes.

Conhecer os seus pontos fortes e fortalecê-los ainda mais. Conhecer suas fragilidades e procurar melhorá-las. Identificar suas crenças limitantes e substituí-las por crenças fortalecedoras! Tudo isso vai fazer de você uma pessoa muito mais assertiva, muito mais realizada.

COACHING – CONHEÇA OS BENEFÍCIOS DO COACHING NO SEU PROJETO DE VIDA PÓS-CARREIRA

Planos são apenas boas intenções, a não ser que eles se transformem imediatamente em trabalho duro.

(Peter Drucker)

Há algumas décadas, a aposentadoria significou o final de uma vida produtiva e a morte social. No cenário atual cada vez mais ela é vista como um ponto de transição para o pós-carreira. As pessoas ganharam 20 a 30 anos para usufruir da sua aposentadoria ou do seu pós-carreira. Conclui-se o ciclo do trabalho e se inicia o ciclo de atividades. Os sessentões de hoje, que é a idade média para a aposentadoria, são os novos quarentões de ontem, cheio de vitalidade e muita produtividade.

Depois de anos dedicados ao trabalho, atualizando seus conhecimentos, investindo na sua carreira, para apresentar resultados de melhor qualidade atendendo à missão e visão da empresa deixando de lado, muitas vezes, seus interesses e projetos pessoais e familiares, quando chega a hora de se aposentar, os profissionais são envolvidos por dúvidas, insegurança e medo! É o medo do desconhecido!

As pesquisas apontam-nos que a maioria dos brasileiros não tem o hábito de se preparar para essa transição que é uma das mais difíceis mudanças da existência humana e que a maioria dos trabalhadores vai passar. Mas não podemos generalizar! Uma pequena parcela dos aposentáveis tem o privilégio de participar dos Programas de Preparação para a Aposentadoria – PPA e/ou dos processos de *coaching* para a aposentadoria.

As empresas que promovem esses benefícios preparando os seus colaboradores para a transição estão também contribuindo na transmissão do conhecimento, diminuindo os impactos negativos do processo e contribuindo para um melhor clima organizacional da empresa.

Geralmente a aposentadoria é uma fase de reavaliação e questionamentos pelos aposentáveis:

– Vou me aposentar! E agora? Quero realmente me aposentar? Estou preparado para o meu pós-carreira? O que faço com o meu patrimônio profissional e intelectual? O que faço com minha experiência? Quero permanecer ativo? Se ativo, quero permanecer na minha profissão? Remunerado ou não? Quero experimentar uma nova atividade? Estou preparado e atualizado com as mudanças e exigências do mercado de trabalho? Estou atualizado com a evolução tecnológica? Outros fatores que levam à insegurança e à incerteza do pré-aposentado: expectativa da ociosidade, da perda do contato com os amigos, da perda de status, da discriminação e do preconceito. Enfim, esse processo de transição contém inúmeros aspectos de insegurança e incertezas e merecem muita atenção!

5.1 A FALTA DE CLAREZA NO PROPÓSITO DE VIDA TRAZ INCERTEZAS!

Nos Estados Unidos, uma edição do *New York Times* trouxe a seguinte manchete: "Incertezas levam profissionais a procurar consultores especializados na nova fase; paciência é a regra número 1",

É comum a procura dos serviços de consultores de aposentadoria e *coaches* para suporte daqueles que se aproximam da aposentadoria, nos Estados Unidos, no momento de transição.

A *New Directions* é uma empresa de consultoria com sede em Boston, cujo foco é dedicado, sobretudo a orientar executivos seniores durante seus anos de ativa. Mas, nos últimos cinco anos, o número de pessoas que recebem consultoria para aposentadoria na companhia provavelmente triplicou, diz Samuel C. Pease, um diretor e consultor da empresa.

A falta de clareza do propósito de vida gera o medo do desconhecido e sentimentos negativos sobre a aposentadoria. Gall e Evans (2002) aponta que o estresse inerente ao processo da aposentadoria está associado entre outros fatores, ao tédio e dificuldades de adaptação à mudança.

Dentre as inúmeras dificuldades e incertezas dos aposentáveis, uma é bastante recorrente : o que fazer com o tempo, o seu ativo mais precioso! Só que a maioria das pessoas não tem essa consciência de que o tempo é talvez o maior ganho na aposentadoria! A grande sacada é usá-lo a seu favor! Enquanto seus colegas estão na correria para bater o ponto na hora; para entregar o trabalho na data agendada; para chegar "on time" nas reuniões; enfim, se adequando às prioridades da empresa, você agora é o dono absoluto do seu tempo! Na realidade, a maioria dos aposentáveis experimenta uma sensação de insegurança e de medo, em maior ou menor intensidade, no processo de transição para a aposentadoria. Medo do desconhecido!!!

A questão é que, a maioria das pessoas não tem a clareza da sua missão de vida, e pensam simplesmente em como preencher o tempo ocioso! Isso porque é muito difícil, por ocasião da aposentadoria, fazer a ruptura entre a missão da empresa e a sua missão de vida que, geralmente, deve estar alinhada com a missão da organização.

É curioso a gente perceber, no nosso trabalho com os aposentáveis, que em geral as pessoas sabem e lembram-se da missão da sua empresa! Mas pouquíssimas pessoas sabem identificar, formatar e dizer em um "*Pich* de elevador" (dizer em poucas palavras) a sua missão de vida! Fica tranquilo! Você não está sozinho!

Para alguns colaboradores, a situação é mais difícil! São aquelas pessoas cuja prioridade na sua vida é somente o trabalho e, por consequência, a sua missão de vida confunde-se com a própria missão da empresa, o que é bastante preocupante! Porque, realmente, sem opção de outra ocupação na sua vida, além do trabalho, fica um vazio imenso que precisa ser preenchido, de forma adequada, mediante um planejamento prévio, com o auxílio de um profissional.

O ideal para todas as pessoas é que exista uma harmonia entre os diversos aspectos da sua vida, pois quando você tiver dificuldade em uma área, você tem como contrabalançar os impactos pessoais e sociais com as outras áreas.

No âmbito do *coaching*, essa é uma das primeiras preocupações do *coach*, saber como está a harmonização entre os diversos aspectos da vida do seu *coachee* para saber como vai conduzir o trabalho, considerando uma visão sistêmica do processo. Para essa atividade, em *coaching*, é muito utilizada a ferramenta "roda da vida" com vários aspectos da vida do cidadão.

Na avaliação da roda da vida, o importante é mensurar o quanto você está satisfeito em cada uma das áreas da sua vida para reformular e adequar o seu projeto de vida pós-carreira. Convido você a preencher a sua roda da vida, no formulário em anexo, e verificar como se comporta a harmonia entre as diversas áreas da sua vida. Muito importante nessa fase da aposentadoria é você poder fazer suas escolhas com autonomia e confiança.

5.2 UM OLHAR SOBRE OS ASPECTOS POSITIVOS E NEGATIVOS DA APOSENTADORIA

A aposentadoria é mais uma fase da vida, um processo de transição natural, que traz consigo aspectos positivos e negativos.

Quando se olha para os aspectos positivos, aí encontramos as conquistas, realizações, resgate da sua identidade pessoal e autonomia do seu tempo, liberdade de trabalho; mais tempo para ficar com a família, para o lazer e atividades culturais, etc.

Quando olhamos para os aspectos negativos aí encontramos as perdas de ordem financeira, outras inerentes ao cargo que se ocupa e ao papel desempenhado na sociedade. Quanto mais alto é o cargo, maior é a perda dos benefícios e compensações que terá o profissional. Nas perdas, já mencionadas no capítulo 2.2 – Aposentadoria: ganhos e perdas, também encontramos os aspectos emocionais e intangíveis do trabalho, os relacionamentos na empresa, benefícios e compensações.

Com objetivos claros sobre como você quer viver os seus preciosos dias, no pós-carreira, o trabalhador pode escolher fazer o que gosta e o que quer, fazendo tudo de uma forma prazerosa, dentro de uma agenda mais soft.

Quanto mais cedo o profissional tiver consciência da necessidade de um planejamento prévio, para a sua aposentadoria, maior possibilidade ele terá de transformar esse momento em uma grande oportunidade de novos projetos!

Essa postura diante do seu pós-carreira, certamente, trará grandes benefícios, entre eles, a autoconfiança e clareza da sua missão e no seu projeto de vida, facilitando a forma de assimilar e harmonizar a grande divergência das realidades: uma realidade interna e atual, de produtividade e disposição para continuar trabalhando e outra realidade externa e de futuro, do desconhecido que leva o aposentando a uma sensação de inutilidade, de vazio e de abandono.

Para Fetcher e Hansson (1991), os maiores níveis de ansiedade frente à aposentadoria foram observadas em pessoas que tinham mais dificuldades em transições sociais relevantes, particularmente, os solitários, tímidos ou com pouco controle pessoal sobre suas vidas na aposentadoria.

5.3 APOSENTADORIA E IDENTIDADE PESSOAL

A pré-aposentadoria é uma oportunidade para a reflexão e análise de questões pertinentes à própria identidade, às expectativas e às prioridades para o futuro.

Conhecer sobre a aposentadoria e preparar-se antes que esse momento chegue é a melhor escolha e decisão para o profissional, pré-aposentado ou não, obter um pós-carreira com êxito.

Um dos passos fundamentais na transição do mundo do trabalho formal para a aposentadoria plena é resgatar a **identidade pessoal**. O autoconhecimento é fundamental para desenvolver as suas potencialidades e fortalecer as suas fragilidades melhorando sobremaneira a sua autoestima tão necessária no período de transição. O autoconhecimento é um processo contínuo e favorece a identificação do nosso propósito de vida para vivê-lo diariamente, obtendo assim autorrealização.

Conhecer-se e saber o que você quer para a sua vida permitir-lhe-á extrair o melhor de cada momento.

> *O que está diante de nós e o que está atrás de nós são questões pequenas comparadas ao que está dentro de nós. E quando as fazemos sair para o mundo, os milagres acontecem.*
> (Henry David Thoreau)

O autoconhecimento é, portanto, a chave do nosso desenvolvimento pessoal e o caminho para que tenhamos metas com êxito no nosso pós-carreira.

5.4 APOSENTADORIA E *COACHING*

Aposentadoria é a conquista de um tempo remunerado, após 30,35 anos de trabalho e contribuição para o INSS, para cuidar mais de nós mesmos, para ter mais tempo de convivência com os nossos familiares, para cuidarmos mais dos nossos relacionamentos, para deixarmos de ser escravos do relógio; enfim, para ter mais qualidade vida, fazendo as coisas de uma forma prazerosa e desacelerada.

É necessário um tempo de reflexão e de preparação para que se perceba que essa nova fase implica não apenas em uma reorganização de vida, mas, também, em uma profunda reconstrução do seu *mindset*, ou seja, na forma como você enxerga o mundo e interpreta os acontecimentos ao seu redor.

O *coaching*, com a sua metodologia específica é uma excelente ferramenta para ajudá-lo na reconstrução e ampliação de seu *mindset*, por meio do autoconhecimento e um plano de ação adequado. Isso em muito contribuirá para uma alta *performance* na implementação seu projeto de vida pós-carreira.

5.5 COACHING

O *coaching* é uma consistente ferramenta da administração contemporânea para maximizar competências, habilidades e resultados do *coachee* para alcançar sucesso nas suas metas pessoais, profissionais e empresariais, utilizando para isso metodologia, técnicas e ferramentas cientificamente comprovadas. É fruto de muito estudo com comprovação científica que vem sendo utilizado por milhares de pessoas para resultados com excelência.

Coaching é um processo poderoso de desenvolvimento de pessoas por trazer dentro de si várias fontes de conhecimento, incorporando o que de fato tem algo a somar. É uma experiência que tem o poder de despertar o que há de melhor em nós, acessando profundamente na nossa essência e descobrindo recursos internos valiosos que até então eram desconhecidos.

É de fundamental importância o comprometimento do *coachee* com o desenvolvimento das atividades propostas no seu processo para garantir satisfação e êxito na sua conclusão.

A essência do *coaching* está no trabalho com metas, foco e desenvolvimento de competências, que visa a liberar o potencial de uma pessoa para a alta *performance*. É um acelerador do desenvolvimento humano.

5.5.1 O que é o *coaching*, então?

Coaching é um processo com início meio e fim, com duração de 10 a 12 encontros com sessões semanais, de uma hora, definidas de comum acordo entre o *coach* (profissional) e o *coachee* (cliente), em que o *coach* apoia o cliente na busca por realizar metas de curto, médio e longo prazo, mediante uma metodologia específica, abordando e trabalhando, dentre outros, os quesitos a seguir.

- valores;
- missão e visão;
- crenças limitantes
- pontos fortes e pontos a serem aprimorados
- identificar e desenvolver competências;
- reconhecer e superar as adversidades.

Trata-se de processo subjetivo que, claramente, envolve crenças e emoções, com a percepção de mundo conforme a lente de cada um.

Eu costumo utilizar, dentre outras ferramentas, a Programação Neurolinguística – PNL e a Inteligência Emocional no desenvolvimento do processo de *coaching*, com bastante eficácia nos resultados.

PNL: é a ciência que estuda como estruturamos nossas experiências subjetivas – como pensamos sobre nossos valores e crenças e como criamos nossos estados emocionais – e como construímos nosso mundo interno a partir de nossa experiência e damos-lhe significado. *Joseph O'Connor*

A Programação Neurolinguística é a arte e a ciência da excelência, ou seja das qualidades pessoais.É arte porque cada pessoa imprime sua personalidade e seu estilo à aquilo que faz,algo que jamais pode ser aprendido através de palavras ou técnicas.E é ciência porque utiliza um método e um processo para determinar os padrões que as pessoas usam para obter resultados excepcionais naquilo que fazem. Este processo chama-se modelagem. (Joseph Ó' Connor e John Seymor 1995, p.19)

Inteligência Emocional: é a habilidade de perceber emoções; acessar e gerar emoções para auxiliar os pensamentos; entender emoções, e efetivamente regular emoções para promover crescimento intelectual e emocional (MAYER; SALOVEY, 1997).

5.6 O PROCESSO DE *COACHING*

Figura 1 – Etapas Básicas do Processo de *Coaching*

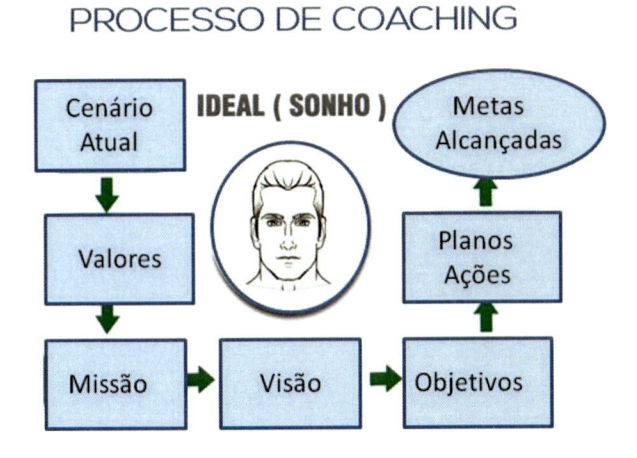

PROCESSO DE COACHING

[Diagrama: Cenário Atual → Valores → Missão → Visão → Objetivos → Planos Ações → Metas Alcançadas; ao centro IDEAL (SONHO)]

Fonte: elaborada pela autora

5.7 ENTENDENDO OS ELEMENTOS DO PROCESSO DE *COACHING*

5.7.1 Valores

Valores são coisas Importantes para você. É um conjunto de características importantes na sua vida que define como você relaciona-se consigo mesmo, com os outros e com o ambiente, por exemplo: família; autonomia; honestidade.

São regras que você estabelece como sendo fundamentais na sua vida. Os valores norteiam a missão e a visão. São eles que direcionam nossas decisões e escolhas, principalmente na busca da realização pessoal.

Valores são critérios pessoais que consideramos importantes em nossas vidas; Eles estão presentes em cada uma das nossas decisões.

5.7.2 Crenças

Crenças são as regras de sua vida, pelas quais você vive. Essas regras podem ser libertadoras e positivas, e lhe conferir permissão para atingir suas metas e viver seus valores. Elas, também podem ser impedimentos, tornando as metas impossíveis ou induzindo-o a acreditar que não é capaz de obtê-las.

Crença é tudo aquilo em que acreditamos, sem precisar provar que é verdade ou sem ter evidências de que é verdade. É como filtramos e percebemos a realidade. São princípios de ação e não teorias vazias. Assim, se você quer saber no que uma pessoa acredita, observe o que ela faz, não o que ela diz crer.

O *coaching* atua a partir de crenças positivas.

Eis aqui algumas das pressuposições do *coaching*:

- Se você quiser entender, aja.
- Não há falhas, somente retorno.
- Nós já temos todos os recursos necessários ou podemos criá-los.
- Todo comportamento tem um propósito.
- Ter uma opção é melhor do que ter nenhuma.
- Você está fazendo o melhor possível e, provavelmente, pode fazer melhor.
- Você cria a sua própria realidade.

Todos nós temos diferentes experiências, interesses, temperamentos, responsabilidades, gostos, aversões e preocupações. Assim formamos nossas crença a partir da nossa experiências de vida, perseguimos metas diferentes e temos valores diferentes. Essas metas, crenças e valores são as características principais do nosso mapa mental, que modela o mundo que percebemos. Agimos como se esses mapas mentais fossem reais.

5.7.3 Crenças Limitantes

Crenças limitantes são os principais obstáculos que detêm as pessoas na conquista de suas metas e na vivência dos seus valores. Elas atuam como regras que impedem de conseguir o que é possível, do que se é capaz e do que se merece. Quando se pergunta a um *coachee* sobre o motivo pelo qual não consegue atingir as suas metas, de uma forma geral, observa-se que suas respostas são crenças limitantes.

A boa notícia é que as crenças limitantes podem ser substituídas por crenças fortalecedoras!

As crenças limitantes, provavelmente, surgem na infância, quando modelamos dos nossos pais, tios, avós, professores, pessoas que são referência na nossa infância. Não existe uma má intenção por parte dessas pessoas, pois são pessoas que nos ama e nos respeitam! Apenas elas não têm conhecimento e nem consciência de que estão sendo modeladas nas atitudes e comportamentos que nem sempre representam a sua melhor versão. Essas opiniões precoces, com frequência, permanecem ocultas em nós e a levamos conosco para as nossas escolhas, atitudes e decisões. Como se trata de crenças limitantes que copiamos do modelo mental de outras pessoas, elas não nos pertencem, mais continuam interferindo, influenciando e sabotando os nossos sonhos, projetos, comportamentos, escolhas, atitudes e decisões. Elas interferem até no nosso *mindset*, ou seja, na forma como vemos o mundo. Como agimos e reagimos ao que acontece ao nosso redor.

Ao longo da nossa vida, ainda absorvemos crenças limitantes por meio de outras fontes, como a mídia, incluindo as novelas, filmes etc. Só que as crenças limitantes que nos chega por esses canais têm um componente diferente daqueles que absorvemos de pessoas que nos são ou foram queridas, na nossa infância. O conteúdo que vem da mídia contém uma formatação para que o público alvo tenha uma reação programada, mediante estudos prévios.

Por trás desses estudos, existem interesses de venda, de consumo, o que não é o caso do primeiro exemplo. No entanto, podemos absorver crenças limitantes advindas desse canal de comunicação, independentemente da idade ou condição social, pois existem programas específicos para cada faixa de público alvo. Quanto menos soubermos sobre nós mesmos, mediante o autoconhecimento, e quanto menos soubermos sobre o assunto, estamos mais propenso a absorver essas crenças limitantes.

Eis aqui crenças limitantes mais comuns:

"Eu preciso me esforçar muito no trabalho para ter dinheiro suficiente para viver"

"Sem esforço – sem ganho (*No pain – no gain*)"

"Eu preciso ser rico para ser feliz"

"Sucesso demanda um grande tempo"

"Eu não consigo confiar em ninguém"

"A maioria das pessoas tem mais sorte do que eu"

"Você não consegue superar um mau início de vida."

"Eu não consigo trabalhar com computadores."

"Eu nunca consigo o que quero"

"As outras pessoas são melhores do que eu."

"Eu atingi o meu limite."

"Eu não consigo obter o que quero."

Essas e outras crenças similares somente são verdadeiras se você agir como se elas fossem. No *coaching*, é muito importante identificar as crenças limitantes do *coachee*, pois, de verdade, elas podem atrapalhar a evolução do processo. Às vezes, simplesmente ser capaz de articular crenças limitantes e ver seus efeitos é suficiente para um cliente mudar suas opiniões, e, portanto, sua realidade.

5.7.4 Missão e visão

A missão e visão pessoal orientam todo o nosso plano de vida. Elas estão intimamente associadas à nossa identidade e estão fundamentadas em nossas crenças e valores. Missão e visão justificam o porquê levantamos da cama todos os dias.

Nossa missão de vida faz-nos lembrar de quem somos e qual o impacto que causamos no universo. Essa percepção faz com que a nossa vida seja completa e cheia de felicidade.

Missão

> *Ninguém inventa sua Missão: nós a detectamos. Ela está dentro de nós. Esperando por ser realizada*
> *(Viktor Frankl)*

Nossa missão estabelece o que fazemos e por que fazemos. Está relacionada aos nossos talentos, as nossas ações, objetivos e valores. Esses elementos, quando alinhados, impulsionam-nos para a autorrealização.

A missão consegue mantê-lo com foco e a tomar decisões importantes.

– Por que você existe?
– Por que estamos vivos aqui nesse planeta?
– O que você faz?
– Para quem?
– Você quer ser lembrado pelo o quê?

Exemplo: "contribuir para o desenvolvimento das potencialidades humanas, na busca da melhor qualidade de vida possível.".

Visão

Visão é onde e como desejamos estar no futuro. Estabelece aonde queremos chegar e o que queremos ser. São imagens mentais que nos motiva a agir para realizar nossos sonhos. Visão dá-nos direção e pode criar significado na vida.

Nossa visão está relacionada com nossos sonhos e aspirações mais profundos.

Qual é seu maior objetivo?

O que você quer ser?

Aonde você quer chegar?

Exemplo: "ser um exemplo de integridade e humanidade contribuindo para um mundo mais sustentável".

5.7.5 Competências

Conjunto de conhecimentos, habilidades e atitudes, em administração, conhecido como "cha".

O "cha" de cada pessoa, que é expresso por meio de comportamentos observáveis, pode gerar desempenho de alta *performance* e resultados que agregam valor para os resultados da organização.

5.7.6 Objetivos e Metas

Objetivo – é aquilo que você deseja alcançar, são os sonhos que você pretende realizar em sua vida, seja no âmbito pessoal ou profissional.

Meta – compreende o tempo e os meios que serão utilizados para conquistar determinado objetivo.

Para suas metas serem alcançadas com mais tranquilidades, é fundamental que ela seja bem estabelecida, de forma a produzir mudanças no seu comportamento e atitudes. Somente dessa forma ela vai direcionar a sua vida de forma consciente e inconsciente para realização dessa meta. Portanto, para que seja uma meta viável, é necessário que ela observe alguns critérios:

Devem obedecer ao método **SMART** (*Specific, Measurable, Attainable, Relevant, Timely*).

Devem ser escritas, serem claras, atingíveis e desafiadoras, motivadoras e com um valor significativo.

Ela deve ser **ESPECÍFICA**. Significa dizer que não deve deixar dúvidas nem permitir contradições. Não pode ser uma meta genérica. Deve ser bastante detalhada.

Por exemplo: se você quiser um carro, discrimine dessa forma: novo ou usado, marca, modelo, cor, ano, preço e todos os detalhes possíveis.

Ela deve ser **MENSURÁVEL**. Isso significa que a sua meta deve ser algo que você possa ser medir, quantificar e/ou constatar quando for alcançado. Deve ser algo, que você possa fazer um acompanhamento e até poder fazer mudanças e ajustes no que diz respeito à estratégia e plano de ação ao longo da sua trajetória, para alcançá-la. Por exemplo, eliminar X quilos. Basta subir na balança e mensurar como está indo o desempenho da dieta.

Ela deve ser **ATINGÍVEL**. Ela deve ser desafiadora, porém realista. Deve ser uma meta capaz de realizar todas as atividades do seu plano de ação para a realização da mesma. Não deve ser tão fácil, pois ela precisa desafiar você a sair da sua zona de conforto, nem tão difícil que impossibilite a sua realização e você venha a se frustrar. Quando o seu cérebro reconhece que aquela meta é atingível, apesar de desafiadora, por ser realista, acha meios para se aproximar da concretização de suas metas.

Ela deve ser **RELEVANTE**. Quanto mais valor tem a meta para você, mais motivação você terá para alcançá-la. Ela se tornará mais relevante ainda, quando ela está associada ao seu propósito de vida e tem congruência com os seus valores e crenças. Todo o seu pensamento, foco, investimento, esforço se tornam relevantes e direção da sua meta.

Ela deve ter um **TEMPO DETERMINADO**. Quando você for definir a sua meta, defina um período de tempo para a sua realização. Isto dará a ela a sensação de urgência. Exemplo: emagrecer 20 quilos sem fixar um tempo, dificulta o acompanhamento e a eficácia do processo. O seu cérebro não será impulsionado a trabalhar a seu favor, em busca da meta. Sua meta deve ter dia, mês e ano para que o seu cérebro entenda como urgência.

Além de todos esses requisitos, a sua meta deve ser **ECOLÓGICA** e **POSITIVA**.

Uma meta é considerada ecológica quando ela não fere os seus valores e das outras pessoas. Ela é uma meta positiva quando você estabelece de forma afirmativa o que você quer alcançar. Nunca se estabelece uma meta, objetivando um contexto negativo, pois nosso cérebro não entende o "não". Estabeleça aquilo que você quer alcançar, não aquilo que você não quer mais para sua vida, ou que você quer eliminar ou se livrar.

COACHING DE APOSENTADORIA

Umas das grandes preocupações do processo de aposentadoria é o risco da depressão causada pela falta de clareza do propósito na vida. Portanto, por mais atraente que possa parecer a possibilidade de nunca mais ter horários para bater ponto e compromisso com agenda comercial, o que o aposentando/ aposentado mais necessita é um projeto de vida pós-carreira, alinhado com a sua missão de vida e de um novo conjunto de rotinas gratificante e produtivas.

É o momento do aposentando reavaliar sua missão de vida, rever valores, acessar seus recursos internos e se reinventar criando novas possibilidades que resgatem talentos, muitas vezes, deixados um pouco de lado durante a carreira profissional ou mesmo desenvolvendo novas habilidades e atitudes que tragam realização pessoal nessa nova fase.

Não é raro encontrar pessoas que assumiram uma vida de passividade em frente à televisão, após pararem de trabalhar, e apresentarem um quadro com grandes períodos de sonolência durante o dia e uma tendência a se exceder na comida ou bebida.

Para que isso não aconteça com você, prepare-se previamente com processos de *coaching* de aposentadoria ou um programa de preparação para a aposentadoria ou os dois. Você confirmará que vale muito a pena investir nesses processos e fazê-los.

Coaching de aposentadoria é um processo de desenvolvimento de comportamentos com foco na mudança de papéis tanto na vida profissional, como nas demais áreas da vida do indivíduo, decorrentes do evento aposentadoria.

O *coaching* de aposentadoria poderá viabilizar o empoderamento do projeto de vida pós-carreira do *coachee,* por intermédio de técnicas específicas e um plano de ação orientado para uma implementação com tranquilidade e segurança, criando oportunidade para que o *coachee* faça suas avaliações juntamente ao seu *coach*, a cada etapa do processo.

O processo de *coaching* traz à tona a jornada do conhecimento e oferece reflexão sobre:

1. Quais são os meus valores?
2. O que são Crenças? Quais são as minhas crenças?
3. Quais são as minhas crenças limitantes?
4. Qual é o meu propósito de vida?
5. Que tipo de desafio me motiva?
6. Quero realmente me aposentar?
7. Quais competências desenvolvi ao longo da carreira que me dão orgulho?
8. Quais habilidades novas gostaria de desenvolver, agora que eu tenho tempo?
9. Qual é o legado que eu você quero deixar?
10. O que faço com o meu patrimônio intelectual?
11. O que faço com a minha experiência?

Se você teve o privilégio de participar do programa de preparação para a aposentadoria, você provavelmente já respondeu a maioria dessas questões, bem como já construiu o seu projeto de vida pós-carreira, pois, em geral, faz parte do conteúdo desses programas. Então, o *coaching* será uma ferramenta muito poderosa que ajudará, com bastante eficácia na implantação do seu projeto de vida.

O objetivo do seu projeto de vida será a grande meta, base para o seu processo individual de *coaching*, após ser validada a sua viabilidade, dentro do método **SMART** (*Specific, Measurable, Attainable, Relevant, Timely*).

O *coaching* enquanto processo estruturado e com foco em resultados, a partir do autoconhecimento e autodesenvolvimento tem um comprometimento total com o *coachee* (cliente), considerando todos os aspectos da sua vida. É um instrumento bastante eficaz e adequado para a fase de transição do pré-aposentado ou na aposentadoria, ajudando-o a viabilizar e empoderar o seu projeto de vida para a fase pós-carreira. Dessa forma você não será mais um aposentado a engrossar a fila daqueles que não sabe o que fazer com o seu precioso tempo e inseguro, com medo do desconhecido, conforme lecionam Gee e Baillie (1999), que as pessoas que não sabem o que fazer com o seu tempo livre, têm expectativas negativas sobre a aposentadoria.

Por meio de metas, previamente definidas, o *coach*, juntamente ao seu *coachee*, definirá um poderoso plano de ação específico, utilizando ferramentas e estratégias que facilitarão a remoção de barreiras e a implementação do seu projeto de vida, com pleno êxito.

6.1 BENEFÍCIOS DO *COACHING* DE APOSENTADORIA

- Autoconhecimento;
- Autoconfiança e autoestima;
- Redefinir missão e visão de vida;
- Potencializar competências;
- Desenvolver novas habilidades;
- Trabalhar crenças limitantes;
- Desenhar um projeto de vida para o pós-carreira;
- Implementar o projeto de vida pós-carreira;
- Fazer o acompanhamento após a implementação.

O processo de *coaching* poderá beneficiar o *coachee* (cliente) por ocasião da aposentadoria de duas formas:

1. Quando o profissional está em um estágio de pré-aposentadoria, de seis a doze meses antes do desligamento da organização e já participou do programa de preparação para a aposentadoria, estando com o seu projeto de vida desenhado. Nesse caso, já foram trabalhados os aspectos de valores, crenças e definida a missão/propósito de vida.

Para esse *coachee*, que já tem a sua meta definida, o processo de *coaching* será muitíssimo importante para implementar o projeto de vida pós-carreira. O *coach* terá condição de verificar, juntamente com o *coachee*, se a meta está bem definida, conforme o método SMART: específica, mensurável, atingível, relevante, tempo determinado, ecológica e positiva. Então o processo será iniciado a partir do estágio da Meta definida e reavaliada, sendo um processo mais breve.

2. Quando o profissional já está aposentado e ainda não construiu o seu projeto de vida. Nesse caso, o processo de *coaching* terá todas as suas fases, e será um processo mais longo, trabalhando valores, crenças e definindo a missão e demais aspectos do programa do processo.

Nos dois casos, o *coachee* será bastante beneficiado, por que as ferramentas utilizadas em um processo de *coaching* são muito eficazes, porém, na primeira opção, em que o aposentado permitiu-se participar de uma preparação com um tempo maior para o processo de autoconhecimento, ampliam-se e fortalecem os benefícios do autodesenvolvimento e da autoconfiança.

O profissional que escolhe submeter-se ao um processo de *coaching* na fase da sua pré-aposentadoria, com certeza, terá um pós-carreira com autonomia sustentabilidade e êxito no comando da sua vida na fase da sua aposentadoria.

A grande vantagem do *coaching* de aposentadoria em relação a outros programas de preparação é que se trata de um processo individual preferencialmente, monitorado diariamente durante o processo. Outro elemento bastante significativo no processo de *coaching* é o foco. Por meio dos exercícios/atividades específicas o *coach* poderá empoderar o *coachee* trabalhando vários aspectos, entre eles:

- Potencializando os pontos fortes e melhorando os pontos fracos;
- Substituindo crenças limitantes por crenças fortalecedoras;
- Por meio de metas, previamente definidas, o *coach* e o seu *coachee* estabelecerão um plano de ação específico, com bastante foco para os resultados.
- Facilita a remoção de barreiras com a utilização de ferramentas e estratégias para o êxito da meta a ser atingida ou a implementação do projeto de vida.

Desenhar o seu pós-carreira com as ferramentas de um novo projeto de vida e a implementação com um processo de *coaching* de aposentadoria é tão importante quanto o próprio "plus" da longevidade que aumenta o seu tempo de aposentadoria.

O *coaching* é uma excelente ferramenta para ajudá-lo na conquista de um pós-carreira bem-sucedido. Você pode empoderar ainda mais o seu processo, observando algumas dicas:

- desenhe com detalhes o seu projeto de vida: como e com quem você quer estar na sua aposentadoria;

Obs.: quanto mais detalhado e esclarecido estiver o seu projeto de vida, maiores são as chances de realização.

- faça uma lista com o máximo de benefícios que você terá com a sua aposentadoria e acredite nesse pós-carreira;
- retomar, refazer e fortalecer os relacionamentos familiares, de forma que possam consolidar a confiança de possível adesão para os investimentos comuns e consolidar parcerias;
- retomar e reforçar o seu *network*, seus relacionamentos;
- preparar-se de forma positiva para as mudanças, observando os sete pilares da aposentadoria bem-sucedida que o ajudarão, de forma muito poderosa, nesse processo de transição.

Sua decisão e determinação no formato do seu novo *mindset* (forma como você enxerga o mundo e interpreta os acontecimentos ao seu redor). Será a plataforma para o sucesso das suas iniciativas nessa nova fase da sua vida.

MÉTODO REMAR PARA O PROCESSO DE *COACHING* DE APOSENTADORIA

Trata-se de um processo observando cinco etapas e pontos essenciais para uma nova versão do *coachee*, remando para a vida pós-carreira e para o sucesso do seu projeto.

1. Reconexão com a sua essência.

- Reconstruindo a identidade e missão de vida, identificando e avaliando os pontos de adequação da sua missão de vida com a missão da empresa;
- Reavaliando valores e crenças;
- Substituindo crenças negativas que dificultam o êxito do projeto;
- Identificando potencialidades e fraquezas;
- Substituindo papéis.

2. Elaboração /Validação do projeto de vida, transformando-o na grande Meta do Coochee (Meta SMART).

- Investigação do presente, passado e perspectivas projetadas para o Futuro.
- Levantamento das oportunidades e ameaças.

3. Maximizar e desenvolver Competências.

- Identificar, dentro dos recursos internos, as competências necessárias para a execução e sucesso da meta do *coachee*.

- Viabilizar o desenvolvimento de competência(s) necessária(s) para o êxito da meta do coachee, se for o caso.

4. Avaliar os recursos externos.

- identificar, mensurar e avaliar as oportunidades e ameaças que podem comprometer o êxito do projeto;

- elaborar o Plano de ação, considerando todos os recursos internos e externos com suas oportunidades e ameaças;

- implantação do projeto, após a validação de todos os itens anteriores.

5. Reavaliar e fazer os ajustes de eventuais imprevistos, na fase inicial do projeto.

É condição *sine qua non* para o sucesso do "Método **REMAR**" que o *coachee* esteja totalmente comprometido com o seu processo de *coaching*, em parceria com o seu *coach*, respondendo de forma positiva e decisiva a todas as etapas.

REFERÊNCIAS

ALVES, C. M; ALVES, S. C. A. Aposentei e Agora? – Um Estudo acerca dos Aspectos Psicossociais da Aposentadoria na Terceira Idade. **Revista Kaleidoscópio**, v. 2, jan. 2016.

ARAÚJO, L.; COUTINHO, M. P.; CARVALHO, V. A. M. L. Representações sociais da velhice entre idosos que participam de grupos de convivência. **Psicologia**: ciência e profissão, v. 25, n. 1, p. 118-131.

ARAÚJO, S. M.; GIRARDI, A. **Agora e Sempre a vida é um Projeto** – Uma visão Ampliada da vida. Curitiba: Clube dos Aposentados, 2012.

BARROSO, M. J L. de C. Controle e participação social. 5a Exposição – mesa redonda. Seminário Nacional de Enfrentamento à Violência Contra a Pessoa Idosa. Brasília, 2004.

BRASIL. Estatuto do Idoso.

BRUNS, M. A. T.; ABREU, A. S. O envelhecimento: Encantos e desencantos da aposentadoria. **Rev. ABOP**, Porto Alegre, v.1, n. 1, jun. 1997.

CERBASI, G. **Adeus Aposentadoria-Como Garantir seu Futuro sem Depender dos Outros**. Rio de Janeiro: Sextante, 2014.

CINTRA, Lucy. **Coaching Pré e Pós Aposentadoria**. Disponível em: http://www.lucycintra.com.br/. Acesso em: 09 maio 2019

ENRIQUEZ, E. Perda do Trabalho, perda da Identidade. *In*: CARVALHO, A. N.; NABUCO, M. R (org.) **Relações de trabalho contemporâneos**. Belo Horizonte: Instituto de Relações do Trabalho da PUC – Minas, 1999.

FLETCHER, W. L.; HANSSON, R. O. Avaliando os componentes sociais da ansiedade pela aposentadoria. **Psychology and Aging,** *v. 6*, n. 1, p. 76-85, 1991.

FILION, L. J. Empreendedorismo: empreendedores e proprietários-gerentes de pequenos negócios. **Revista de Administração**, São Paulo, v. 34, n. 2, 1999.

FRANÇA, L. **O Desafio da Aposentadoria**. Rio de Janeiro: Rocco 2007.

FRANÇA, L. Preparação para a Aposentadoria: desafios a enfrentar. *In*: FRANÇA, L. **Terceira Idade**: alternativas para uma sociedade em transição. Rio de Janeiro: Relume-Dumará, 1999.

FRANÇA, L. Influências sociais nas atitudes dos 'Top' executivos em face da aposentadoria: um estudo transcultural. **Rev. adm. contemp.** v.13 n.1 Curitiba jan./mar. 2009.

GEE, S.; BAILLIE, J. Happily ever after? An exploration of retirement expectations. **Educational Gerontology**, v. 2, 1999.

GIMENES, B. J. **Viva a sua Missão**. Nova Petrópolis: Luz da Serra, 2015.

GIARDINO, A.; CARDOSO, S. J. **O Melhor vem Depois**. São Paulo: Saraiva 2009.

GIRARDI, A. **Desaposentado Melhor Agora**. Curitiba: Clube dos Desaposentados, 2009.

HUFFINGTONA, A. **A Terceira Medida do Sucesso**. Rio de Janeiro: Sextante, 2014.

KHOURY, H. T. T *et al*. Por que aposentados retornam ao trabalho? O papel dos fatores psicossociais. **Kairós Gerontologia**, São Paulo, v. 13, n. 1, 2010.

LAGES, A.; O'CONNOR, J. **Como o Coaching Funciona**. Rio de Janeiro: Quality Mark, 2010.

LAGES, A.; O'CONNOR, J. **Coaching com PNL** – Um Guia Prático para Alcançar o melhor em você e em outros. Rio de Janeiro: Quality Mark, 2010.

LEITE, C. B. **O século da aposentadoria**. São Paulo: LTr, 1993.

LUCCHIARI, D. H. S. A Reorientação profissional: apoio em época de crise. **Revista APOP**, v. 1, n. 1, 1997.

MASI, D. da. **Ócio criativo**. 3ª. Edição. Rio de Janeiro: Sextante, 2000.

MAGALHÃES, M. O; KRIEGER, D. V.; VIVIAN, A. G; STRALIOTTO, M. C. S, MARQUES, R. M. M.; EUZEBY, A. Um regime único de aposentadoria no Brasil: pontos para reflexão. **Revista Nova Economia**, Belo Horizonte, set./dez. 2005.

MARQUES, J. R. *et al*. **Leader Coach**. Goiânia: IBC, 2018.

MELO, O. V. **Aposentadoria – Prêmio**: ou Castigo. São Paulo: Ave-Maria, 2001.

MONTEIRO, P. P. **Envelhecer**. Belo Horizonte: Autêntica, 2001.

MORAGAS, M. R. **Aposentadoria** – Uma Oportunidade. São Paulo: Paulinas, 2009.

MORAGAS, M. R. **Gerontologia Social:** envejecimento y calidad de vida. Barcelona: Helder, 1991.

NETO, A.J. **Revista "A Terceira Idade"**, ano X agosto 1998, p.39. Disponível em: https://www.sescsp.org.br/online/artigo/8128_A+UNIVERSIDADE+ABERTA+PARA+A+TERCEIRA+IDADE+DA+PUCSP. Acesso em: 10 fev. 2020

PAIXÃO, H. N. C. **Relações entre apoio social, otimismo e bem-estar**: um estudo com aposentados. 2015. Dissertação (Mestrado em Psicologia) – Pontifícia Universidade Católica de Goiás, Goiânia, 2015.

PAPALIA, D. E; OLDS, S. W. **Desenvolvimento físico e cognitivo na terceira idade**. Porto Alegre: Artmed, 2006.

PAPALIA, D. E; OLDS, S. W. **Desenvolvimento humano**. Trad. Daniel Bueno. 7. ed. Porto Alegre: Artes Médicas Sul, 2000.

RODRIGUES, M. *et al.* A preparação para a aposentadoria: o papel do psicólogo frente a essa questão. **Rev. bras. orientac. prof**, São Paulo, v. 6, n. 1, p. 53-62, jun. 2005. Disponível em: http://pepsic.bvsalud.org/scielo.php?script=sci_arttext&pid=S1679=33902005000100006-&lng=pt&nrm-iso. Acesso em: 17 jan. 2020.

RUMICH, F. *et al.* **O Poder do Coaching**. Porto Alegre: Besouro Lux, 2015.

SALGADO, C. D. S. **Gerontologia Social**. Porto Rico: Publicaciones Puertorriqueñas, 1999.

SALGADO, M. A. **Estou aposentado, e agora**? Sesc-SP, 1 fev. 1999. Disponível em: https://www.sescsp.org.br/online/artigo/331_EM+PAUTAESTOU+APOSENTADO+E+AGORA. Acesso em: 17 jan. 2019.

SANTOS, M. S. C. **Identidade e aposentadoria**. São Paulo: EPU, 1990.

SCHWARTZ, P. **Cenários**: as surpresas inevitáveis. Rio de Janeiro: Campus, 2003.

SENGE, P. M. A. **Quinta Disciplina**. São Paulo: Best Seller, 1990.

SILVA,M B e. **Educação Financeira para Pessoa Física**. BA: Sebrae, 2013

TOFFLER, A. **Choque do Futuro**. Rio de Janeiro: Record, 1970.

TELES, A. *et al.* **Choaching Gerando Transformações**. São Paulo: INC, 2016.

TELES, A. *et al.* **Libertando sua Mente com PNL**. São Paulo: Leader, 2017.

VALENTE, C. *et al.* **Team & Leader Coaching**. São Paulo: Ser Madois, 2014.

VERAS, R. P; RAMOS, L. R.; KALACHE, A. **Crescimento da população idosa no Brasil.**Transformações e consequências na sociedade. Revista de saúde pública, São Paulo, v. 21, n. 3, 1987.

VERAS, R. P.; CALDAS,C. P. Promovendo a saúde e a cidadania do idoso: o movimento das universidades da terceira idade. **Ciênc. saúde coletiva**, Rio de Janeiro, v. 9, n. 2, p. 423-432, jun. 2004. Disponível em: http://www.scielo.br/scielo.php?script=sci_arttext&pid=S1413-81232004000200018&lng=en&nrm=iso. Accesso em: 17 jan. 2020.

VITOLA, J. de O. C. Sentido e realização pessoal em pessoas de terceira idad. *In*: SARRIERA, J. C. (org.). **Psicologia comunitária**: estudos atuais. 2. ed. Porto Alegre: Sulina, 2004. p. 160-196.

WICKERT, L. F. O adoecer psíquico do desempregado. **Psicologia**: Ciência e Profissão, v. 19, n. 1, p. 66-75, 1999.

WIHITAKER, D. C. A. **Envelhecimento e poder**: a posição do idoso na contemporaneidade. Campinas: Alínea, 2007.

WILLE, S. A. de C. **Meu Projeto Pessoal**. Curitiba: Mundo Material, 2006.

YAZBEK, P. 10 ideias equivocadas que você tem sobre a sua aposentadoria. **Exame**, 17 ago. 2013. Disponível em: https://exame.abril.com.br/seu-dinheiro/10-ideias-equivocadas-que-voce-tem-sobre-a-sua-aposentadoria/. Acesso em: 17 jan. 2020.

ZANELLI, J. C.; SILVA, N.; SOARES, D. H. P. **Orientação para aposentadoria nas organizações de trabalho**. Porto Alegre: Artmed, 2010.

ZANELLI, J. C.; SILVA, N. **Programa de Preparação para aposentadoria**. Florianópolis: Insular, 1996.

IBC COACHING. **Portal IBC**. Disponível em: https://www.ibccoaching.com.br/acesso. Acesso em: 2 out. 2019.

APOSENTADORIA Confronta Idoso e Velhice. **Portal do Envelhecimento.** Disponível em https://www.portaldoenvelhecimento.com.br/. Acesso em: 02 fev. 2019.

ANEXOS

Figura 2 – Roda da vida

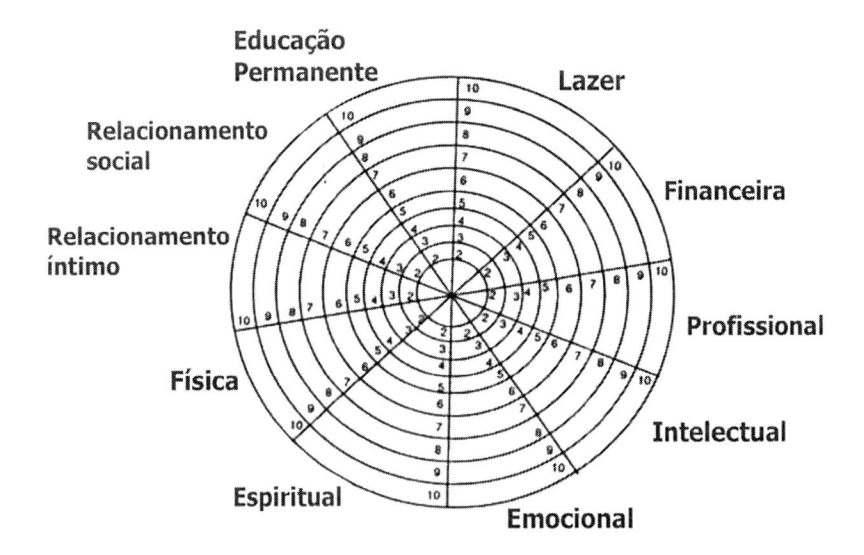

Fonte: elaborada pela autora

Tabela 4 – Modelo resumido de projeto de vida

Projeto de vida pessoal e profissional - exemplo

Missão:

Visão:

Valores:

Pontos fortes:

Pontos fracos:

Ambiente externo:

Financeiro		
Objetivos/metas	Recursos/como	quando/prazo
1.	1.	
	2.	
2.	1.	
	2.	
3.	1.	
	2.	
Familiar		
Objetivos/metas	Recursos/como	quando/prazo
1.	1.	
	2.	
2.	1.	
	2.	
3.	1.	
	2.	
Lazer		
Objetivos/metas	Recursos/como	quando/prazo
1.	1.	
	2.	
2.	1.	
	2.	
3.	1.	
	2.	

Saúde		
Objetivos/metas	Recursos/como	quando/prazo
1.	1.	
	2.	
2.	1.	
	2.	
3.	1.	
	2.	

Obs: 1. Repetir para quantas áreas for importante. Ex.: Conhecimento, Trabalho, Educação Contínua, Espiritualidade, etc. Se for possível aumentar as alternativas de Recursos, melhor ainda!

2. O ambiente externo, é tudo aquilo que pode interferir nas suas metas. Ex.: Desenvolvimento tecnológico, Conjuntura econômica; competitividade etc.

Fonte: elaborada pela autora

IDOSO OU VELHO?

Idoso é uma pessoa que tem muita idade. Velho é uma pessoa que perdeu a jovialidade. Você é Idoso é quando você sonha. É velho quando apenas dorme. Você é idoso quando ainda aprende. É velho quando já nem ensina. Você é idoso quando pratica esporte ou de alguma outra forma se exercita. É velho quando apenas descansa. Você é idoso quando seu calendário tem amanhãs. É velho quando seu calendário só tem ontem.

O idoso é aquela pessoa que tem tido a felicidade de viver uma longa vida produtiva, de ter adquirido uma grande experiência. Ele é uma ponte entre o passado e o presente, como o jovem é uma ponte entre o presente e o futuro. É no presente que os dois se encontram. Velho é aquele que tem carregado o peso dos anos, que em vez de transmitir experiência às gerações vindouras, transmite pessimismo e desilusão. Para ele não existe ponte entre o passado e o presente, existe um fosso que o separa do presente pelo apego ao passado.

O idoso se renova a cada dia que começa. O velho se acaba a cada noite que termina. O idoso tem seus olhos postos no horizonte de onde o sol desponta e a esperança se ilumina. O velho tem sua miopia voltada para os tempos que passaram. O idoso tem planos. O velho tem saudades. O idoso curte o que resta da vida. O velho sofre o que o aproxima da morte. O idoso se moderniza, dialoga com juventude. Procura compreender os novos tempos. O velho se emperra no seu tempo, se fecha em sua ostra e recusa a modernidade. O idoso leva uma vida ativa, plena de projetos e de esperança. Para ele, o tempo passa rápido, mas a velhice nunca chega.

O velho cochila no vazio da sua vida e suas horas se arrastam destituídas de sentido. As rugas do idoso são bonitas porque foram marcadas pelo sorriso. As rugas do velho são feias porque foram vincadas pela amargura. Em resumo, idoso e velho são duas pessoas que até pode ter a mesma idade no cartório, mas têm idades bem diferentes no coração.

(Autor desconhecido)